W0172884

Manon Sander

Kleckern, Klecksen, Kleben

Kunst und künstlerische Aktivitäten in der Kindergruppe

BURCKHARDTHAUS-LAETARE

Kleckern, Klecksen, Kleben

1. Auflage 2015

© Burckhardthaus-Laetare by Körner Medien UG, München

Alle Rechte vorbehalten

Umschlaggestaltung:	Patricia Fuchs, AVR, München
Titelfoto:	Gorilla/fotolia.com
Fotos/Illustrationen:	pixelio, thinkstock, fotolia, Körner Medien UG, Anja Lusch, Miriam Haas u. a., Verzeichnis s. S.172
Satz und Layout:	Anja Lusch, Freiburg
Redaktion:	Tobias Schudok, Körner Medien UG, Anja Lusch
Herstellung:	Publikum, Belgrad
Verlag:	Burckhardthaus-Laetare
	c/o Körner Medien UG
	Herzog-Heinrich-Str. 5, 80336 München
	Tel. 089/33095656, Fax 089/33095473
	info@koerner-medien.de
	www.burckhardthaus-laetare.de
ISBN:	978-3-944548-19-7

Inhalt

Inhalt

Vorwort   6

1. Phase: Freies Arbeiten   9

Ideen für die Freie Arbeit   13
Das habe ich draußen gefunden   14
Das rollt und rollt   16
Meine Lieblingsfarbe   18
Alle Vögel fliegen hoch!   20
Mein Traumhaus   22
Eine Maschine   24
Mein Fantasietier   26
Schachteln, Gläser, Schalen, Flaschen verschönern   28
Bilder entstehen lassen   30

2. Phase: Bestimmte Techniken   37

Ideen für die Umsetzung bestimmter Techniken   41
Schnipselvogel   42
Unterwasserwelt (Wachsmalstifte)   44
Feuer und Wasser (Ölkreide)   46
Zwei lange Beine und Arme (Hexentreppe)   48
Schraffuren   50
Und dann?   52
Pappmaschee und Salzteig   54
Mein Gesicht   58
Windlichter mit Murmeltechnik   60
Auf die Wette lospusten   62
Drucken und Stempeln   64
Rate mal, was das ist! (Zahnbürstenspritztechnik)   66
Der Baum   68
Mathematik in der Kunst - Spiegeln und Symmetrie   70
Schwimmende Farben   72
Mischfarben   74
Klappschnitte   76
Fensterbilder mit Tropfbatik   78

3. Phase: Wie die großen Künstler   81

Friedensreich Regentag Dunkelbunt Hundertwasser   85

Namen suchen   87
Spiralen finden   88
Hüte tragen   92
Ein Bild wächst wie eine Pflanze   94
Hundertwasserstempel   96
Fensterrecht   98
Fantasiereise „Mein Zimmer"   100
Ein Zimmer im Karton   102

Franz Marc   104

Fantasiereise Regenbogen   106
Die bunten Pferde   108
Mein Kuscheltier   110
Kämpfende Formen   112
Puzzle   114
Plastisches Gestalten   116
Reisen   120
Komplementärfarben   122
Wirkung von Farben   124

Inhalt

Piet Mondrian   126
  Kritzeleien   128
  Namen abkürzen   130
  Ein Baum   131
  Points   134
  Blätter (Schablonen aus Pappe)   136
  Geometrische Formen   138
  Linien begrenzen   140
  Am Computer   142
  Fantasiereise Bewegung   143

4. Phase: Bestimmte Aufgaben   145
  Ideen für die Arbeiten   147
  Blumen   148
  Neues aus Kerzenresten   150
  Einrahmung   152
  Schillernde Figuren   154
  Mein ganz persönliches Lesezeichen   156
  Eine Kette für dich und mich   158
  Das wachsende Ei   160
  Filzen   162
  Der krabbelnde Käfer   164
  Drahtige Typen   166
  Kleine Wichtel   168
  Freundlicher Halter   170

Vorwort

Die Anforderungen an das Kreative Arbeiten mit Kindern sind schon im Kindergartenalter recht hoch. Die Mädchen und Jungen sollen möglichst viele Techniken erlernen und dabei mit möglichst vielen verschiedenen Materialien arbeiten. Das Ergebnis soll kreativ, eigenständig und individuell sein. Dabei dürfen die Materialien möglichst wenig kosten und die Werke sollen sich sehen lassen können. Wenn dann noch sprachliche Aspekte in die Bearbeitung eingebunden sind, ist eigentlich alles so wie es sein soll ... Doch der Alltag sieht oft anders aus.

Es fehlt oftmals an Zeit, Geld und Ideen, die Dinge ganz einfach umzusetzen. In diesem Buch bekommen Sie viele Anregungen, wie Sie Kinder unkompliziert und kreativ, mit einfachen Mitteln arbeiten lassen können.

Nehmen Sie bei all dem, was die Arbeiten der Kinder angeht, Abstand vom Perfektionismus. Niemand erwartet, dass ein Kind im Alter von zwei bis sechs Jahren in der Lage ist, alle Techniken fehlerfrei und akkurat auszuführen. Das ist gar nicht gefordert. Vielmehr geht es darum, dass die Kinder lernen, mit verschiedenen Materialien umzugehen. Sie lernen Techniken kennen und erkennen den Wert der eigenen Arbeit. Nur durch permanentes Üben, durch eigene Entdeckungen und über immer wieder andere Blickwinkel, können die Kinder das erreichen.

Machen Sie den Kindern Vorschläge! Bieten Sie ihre Hilfe an – aber nehmen Sie ihnen auf keinen Fall die Arbeit ab! Selbst wenn sich die Kinder kurzzeitig darüber freuen, etwas so Tolles in den Händen zu halten, lernen sie dabei, dass sie es nicht alleine schaffen und verlieren langfristig das Vertrauen in ihre eigenen Fähigkeiten. Die Kinder gewöhnen sich daran, sich Hilfe zu holen, wenn sie diese benötigen, bis sie später die Arbeiten ganz selbstständig ausführen können. Die Arbeiten sind geeignet für Kindergartenkinder und Grundschulkinder. Die Anleitungen bieten praktische Tipps für ErzieherInnen, LehrerInnen, Pädagogen und engagierte Eltern.

Vorwort

Das Buch ist chronologisch aufgebaut, aber Sie können es auch von hinten nach vorn lesen oder zwischen den einzelnen Kapiteln hin und her springen. Fangen Sie einfach mit dem an, was Ihnen am besten gefällt. Das kann die Freie Arbeit sein oder eine bestimmte Technik. Je mehr Techniken die Kinder kennen, desto besser können sie frei arbeiten. Haben sie bereits viele selbstständige Arbeiten angefertigt, dann sind sie wiederum interessierter an neuen Techniken und können diese schneller anwenden. Genauso lassen sich die anderen Phasen miteinander verzahnen. Gehen Sie auf die Wünsche und Bedürfnisse der Kinder ein, wenn Sie entscheiden, welches Projekt Sie als nächstes in Angriff nehmen werden.

Kinder und Eltern werden stolz auf das sein, was die Kinder selbstständig gebaut und hergestellt, gemalt und gebastelt haben. Und mit jeder Arbeit, die sie ausführen, werden sie besser.

Und noch etwas: Sollten die Dinge einmal ganz anders aussehen, als Sie sich das vorgestellt hatten, dann fragen Sie die Künstler nach dem Grund. Kommentieren Sie nicht gleich, dass es falsch und nicht realistisch ist. Wäre alles, was unrealistisch ist, falsch, dann gäbe es kaum Kunstwerke. Schränken wir unsere und die Phantasie der Kinder nicht ein. Sonst wird aus Pippi Langstrumpf ein braves Mädchen, das Sams existiert nicht und Jim Knopf hat nie seine phantastischen Abenteuer erlebt. Fragen Sie, warum die Dinge so besonders aussehen. Sie werden die tollsten Geschichten hören!

Ein besonderer Dank geht an die vielen Kinder, die uns ihre Kunstwerke zur Verfügung gestellt haben und die sie extra für dieses Buch angefertigt haben. Ein weiterer Dank geht an Miriam Haas vom KunsTraum Kappel, den Kindergarten St. Barbara in Littenweiler, Simone Schudok, die Caritas Kindertagesstätte St. Quirin in Fürstätt, Christine Drescher und den Kindergarten Unterm Regenbogen in Littenweiler.

1. Phase
Freies Arbeiten

1. Freies Arbeiten

Der Beginn der Freien Arbeit

Für die Freie Arbeit benötigen die Kinder ein vielfältiges Angebot. Es sollten handwerkliche und kreative Tätigkeiten integriert werden. Die Kinder brauchen viele Materialien und Werkzeuge, um kreativ arbeiten zu können. Es reicht jedoch nicht aus, den Kindern einfach etwas zur Verfügung zu stellen. Sie brauchen noch Ideen und wir sollten sie bei der Arbeit anleiten. Die Freie Arbeit wird nach einiger Zeit zu einem Selbstläufer, bei dem die Kinder eigene Ideen und Materialien mit einbringen.

Materialien

Eine wichtige Voraussetzung für die Arbeit sind die richtigen Materialien. Die Kinder brauchen eine ganze Fülle davon, damit sie sich aussuchen können, was sie gestalten. Sie dürfen dabei Ideen verwerfen und wieder von vorne beginnen. Bastelbedarf können Sie selbstverständlich kaufen, jedoch kostet das eine Menge Geld und die Kinder sollten mit den Materialien sparsam und vorsichtig umgehen. Im Haushalt fallen viele Materialien an, die Sie verwenden können, wie zum Beispiel Joghurtbecher, Karton, Papprollen, Schächtelchen und so weiter. Sammeln Sie die Materialien. Fragen Sie in Druckereien oder Papierfabriken. Sie werden erstaunt darüber sein, wie viele Papierlieferanten bereit sind zu helfen.

Sammeln und Lagern der Materialien

Ordnen Sie Ihre Materialsammlung regelmäßig – gemeinsam mit den Kindern. Nur mit einer guten Übersicht kann man gut arbeiten. Nutzen Sie stabile Pappkartons zur Aufbewahrung und kleben Sie auf die Vorderseite ein Beispiel dessen, was sich in dem Karton befindet, also zum Beispiel eine CD oder ein Stück Eierkarton. So kann jeder ganz schnell und einfach erkennen, was darin ist. Achten Sie darauf, dass beispielsweise gesammelte Dosen, keine scharfen Kanten aufweisen. Selbstverständlich müssen die Materialien sauber sein. Sollten Sie etwas bestimmtes Sammeln, hängen Sie ein Bild davon an die Wand, damit auch die Kinder, die noch nicht lesen können, mithelfen.

Organisation

Bei manchen Kindern oder Erwachsenen bricht vielleicht eine wahre Sammelwut aus und sie erhalten dadurch zahlreiche Dinge, die sich gar nicht für den Gebrauch eignen. Entsorgen Sie regelmäßig das, was Sie nicht brauchen. Halten Sie sich wirklich strikt daran, denn nur wenn Sie immer wieder Platz schaffen, können die Kinder gut arbeiten.

Allgemein und privat

Schaffen Sie verschiedene Bereiche für die Kinder. Einer davon ist der Bereich für Materialien, aus dem sich die Kinder bedienen können. Die Materialien, die hier aufbewahrt werden, sind für jeden nutzbar. Zum Arbeiten sollte ein anderer Bereich zur Verfügung stehen. Hier stehen die Arbeitsgeräte für die Kinder griffbereit und in ausreichender Anzahl zur Verfügung. Gleichzeitig braucht jedes Kind einen privaten Bereich. Dort kann es seine gesammelten Schätze und angefangenen Arbeiten aufbewahren. Helfen Sie den Kindern, den privaten Bereich so zu gestalten, dass immer genug Platz zur Verfügung steht.

Einbindung der Eltern

Es kann Ihnen passieren, dass nicht alle Eltern gleich restlos begeistert sind, dass Sie mit den Kindern mit ausrangierten Materialien arbeiten wollen. Vielleicht fällt auch der Begriff „Müll". Sie können hier vorgreifen und den Eltern schon im Vorfeld zeigen, was Sie mit den Kindern machen. Besser als Zeigen ist es noch, die Eltern eigene Erfahrungen sammeln zu lassen. Bitten Sie die Eltern in Ihre Einrichtung und geben Sie Ihnen die Möglichkeit, selbst einmal etwas auszuprobieren und mitzumachen. So können Sie eine viel breitere Zustimmung bekommen.

1. Freies Arbeiten

Altersempfehlungen

Kinder können ab eineinhalb bis zwei Jahren etwas selbst herstellen. Es ist dabei völlig egal, wie das Ergebnis aussieht. Viel wichtiger ist der Prozess des Entstehens. Die Kinder sollen den Umgang mit Materialien lernen. Sie sollen erfahren, dass sie sich ausprobieren und Dinge von vielen Seiten betrachten können. Je jünger die Kinder sind, desto leichter fällt es ihnen, sich darauf einzulassen.

Hilfestellungen

Hilfe brauchen Kinder immer mal wieder – aber gehen Sie behutsam vor. Nehmen Sie dem Kind nichts aus der Hand, nehmen Sie ihm nicht die Arbeit ab.

Zeigen Sie dem Kind, wie etwas geht, wie eine gewisse Technik umgesetzt wird. Finden Sie gemeinsam eine Lösung. Sie sollten dem Kind nie sagen, dass es etwas falsch macht, oder dass man es besser machen könnte. Wählen Sie Formulierungen wie: „Wenn du das so baust, dann fällt es nicht so schnell auseinander."

Mädchen und Jungen

Mädchen und Jungen bauen und konstruieren unterschiedliche Dinge. Sie gehen sicherlich anders an die Aufgaben heran. Das macht aber nichts. Sie können die weit gefassten Aufgaben trotzdem sowohl den Mädchen als auch den Jungen stellen.

Verfolgen Sie allerdings eine gewisse Absicht, wie zum Beispiel, mit selbst gebauten Fahrzeugen ein Autorennen zu veranstalten, dann müssen Sie das vorab angeben. Sonst kann es passieren, dass einige Autos zwar wunderschön aussehen, aber leider nicht schnell fahren können.

Ideen für die Freie Arbeit

Ideen für die Freie Arbeit müssen besonders weit gefasst sein. Die Kinder sollen kein bestimmtes Ergebnis liefern, sondern sie sollen die Möglichkeit erhalten, eigene Ideen zu entwickeln.

Trotzdem stellen Kinder oft die Frage, was sie denn machen könnten. Wenn die Antwort aus einer eher weit gefassten Aufgabenstellung besteht, bleibt eine Menge Platz für eigene Ideen und eine kreative Umsetzung.

Auf den folgenden Seiten finden Sie einige Beispiele und Ideen für die Freie Arbeit.

1. Freies Arbeiten

Das habe ich draußen gefunden

Je nach Jahreszeit können die Kinder draußen Schätze sammeln. Das können Grashalme sein, Kastanien, Steine, Baumrinde und viele weitere Dinge, die im Garten, im Wald und auf der Wiese zu finden sind. Natürlich können sie dabei Urlaubsmitbringsel einarbeiten, wie Muscheln oder Tannenzapfen.

Es gibt ganz verschiedene Möglichkeiten der Präsentation. So könnten die Kinder die Fundstücke zum Beispiel in einer Schale anordnen oder in einem Schuhkarton, oder sie arrangieren sie auf einem Holzbrett.

Ein mit Blumensteckmasse gefüllter Schuhkartondeckel eignet sich besonders gut, um die Objekte darin mit Draht zu befestigen.

Die Arbeit mit Klebstoffen ist in diesem Fall nicht ratsam. Die Kinder müssten hier Klebstoffe verwenden, die starke Lösungsmittel enthalten oder eine Heißklebepistole. Beides ist für Kinderhände nicht geeignet.

Tipp:

Mit etwas älteren Kindern können Sie kleine Gedichte zu den Kunstwerken erfinden. So bekommen die Arbeiten noch eine ganz andere Würdigung.

Material:

z.B. Grashalme, Blätter, Steine, Zweige, Kastanien, Nüsse, Früchte, Baumrinde, Tannenzapfen, eventuell Schuhkarton, Blumensteckmasse, Draht

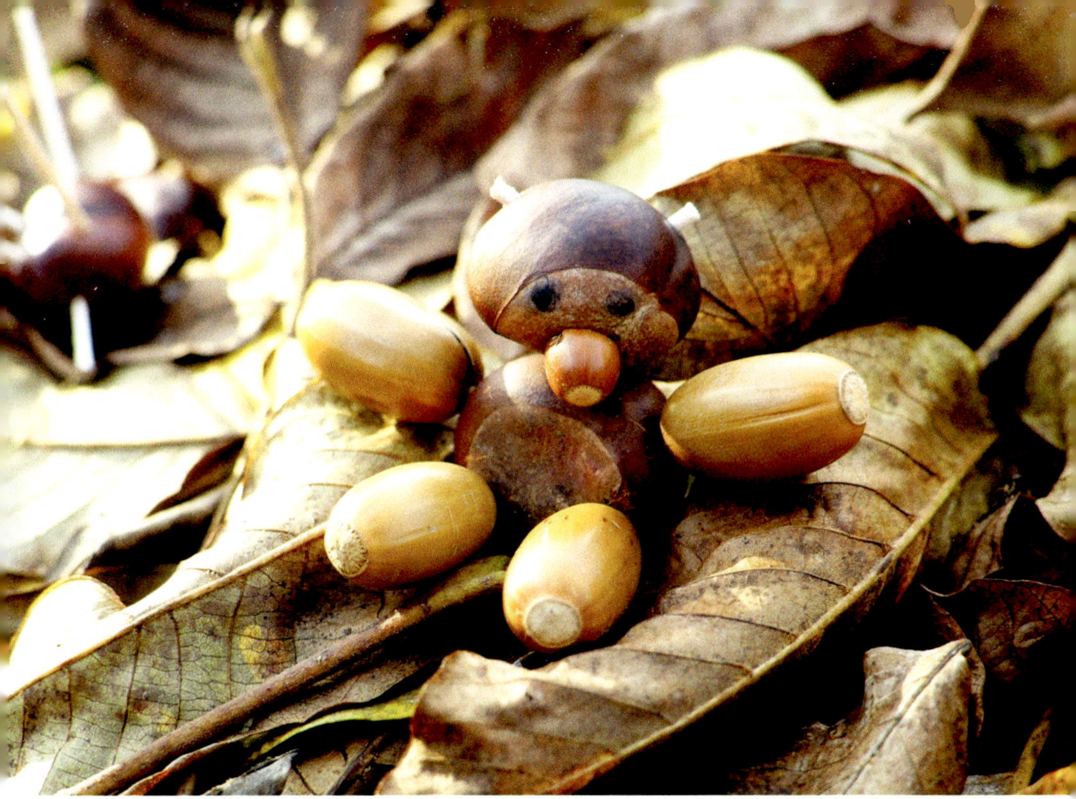

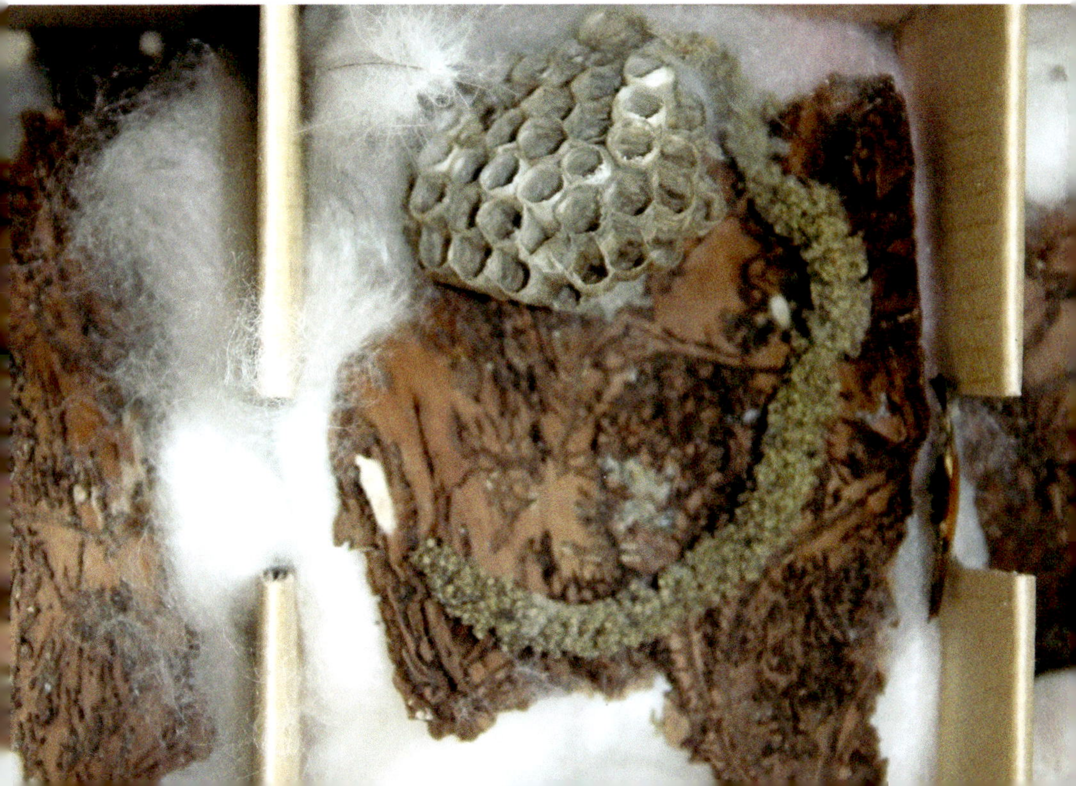

Das rollt und rollt

Etwas das rollt, begeistert die Kinder immer. Die einen schmücken ihr Fahrzeug mit Blumen und Glitzersteinen, damit es wirklich gut aussieht. Andere legen Wert auf Details. Die Nächsten achten darauf, dass die Objekte wirklich schnell fahren. Für das Fahrzeug benötigen die Kinder eine Platte und zwei breite Rollen oder vier schmale Reifen. Der Aufbau ist nicht festgelegt, daher können die Kinder ihn ganz individuell gestalten.

Für den Grundaufbau eignen sich am ehesten Pappe und Holz als Material. Stellen Sie am besten Holzkleber zur Verfügung. Hier mit etwas Druck arbeiten – eventuell auch mit Schraubzwingen.

Die Kinder können Figuren auf die Fahrzeuge setzen oder sie veranstalten eine Wettfahrt. Damit die Fahrzeuge Schwung bekommen, können sie ein Holzbrett so auf Stühlen oder Tischen anbringen, dass es wie eine Startrampe funktioniert. Sie können dann Siegerehrungen mit den Teilnehmern durchführen und mit Apfelschorle auf die tollen Fahrzeuge anstoßen!

Material:

Holzplatte oder Pappkarton,
Holzkleber, evtl. Schraubzwingen,
Säge oder Schere,
Kleber,
Verzierung,
Rollen oder Reifen

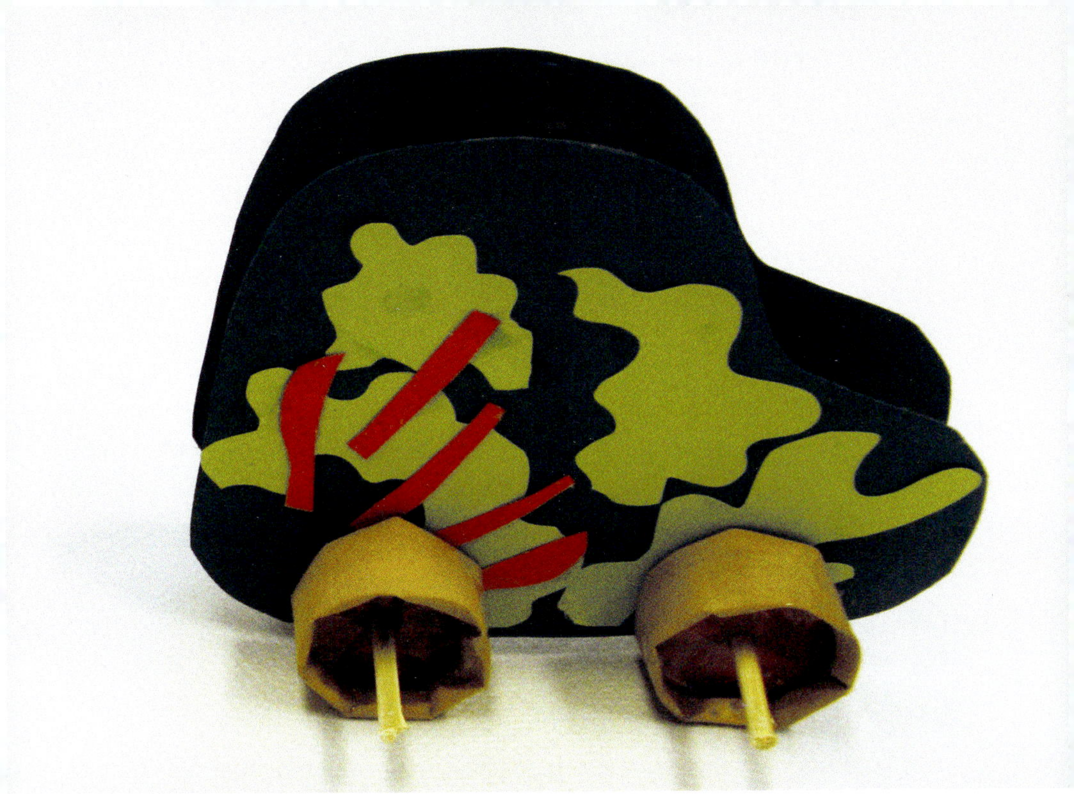
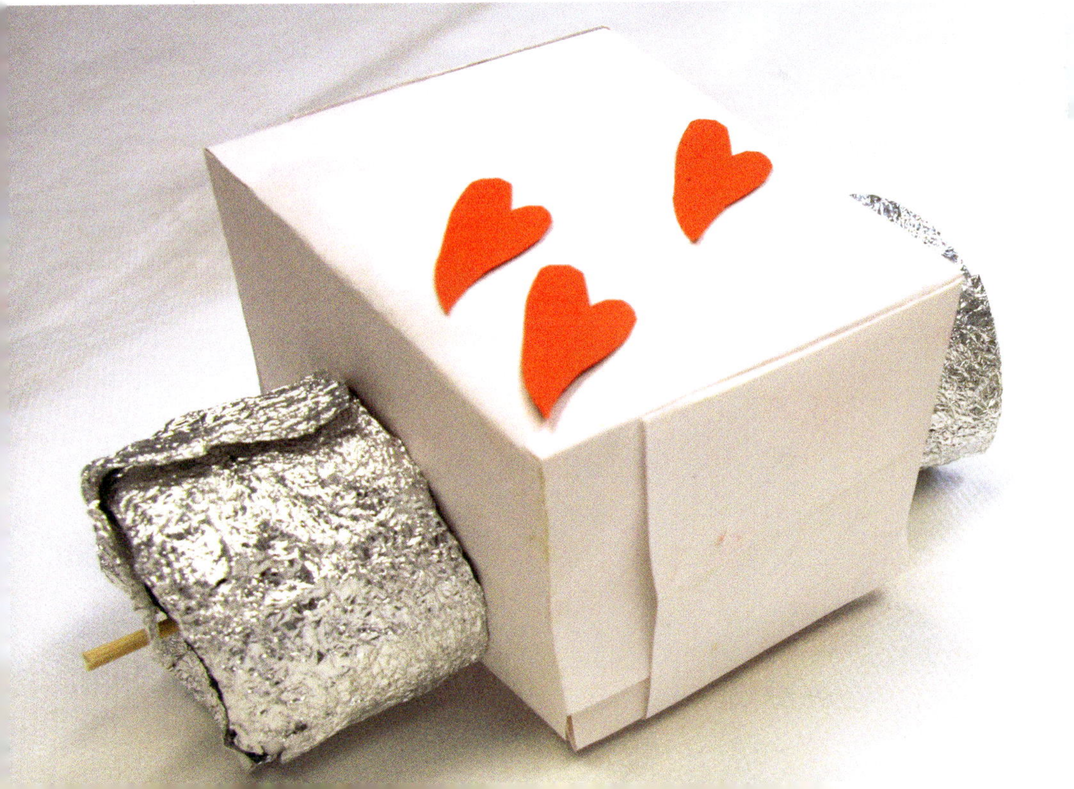

1. Freies Arbeiten

Meine Lieblingsfarbe

Jedes Kind hat eine Lieblingsfarbe und es kann viele Dinge in dieser Farbe entdecken – vielleicht die rosa Verpackung vom Heringssalat oder eine Bonbonverpackung mit einem ganz bestimmten Blauton und noch vieles anderes. Die Kinder gestalten nun ein Bild, auf dem sie nur Dinge in ihrer Lieblingsfarbe anbringen.

* Viele einfarbige Dinge auf einem Papier- oder Pappbogen oder in einem Rahmen, zum Beispiel in einem Schuhkarton anordnen.

* Alle Sachen gut festkleben.

* Eventuell die Bilder noch mit Wasserfarben bemalen.
  So kommen die Farben besonders gut zur Geltung.

Sie können dann mehrere verschiedene Bilder nebeneinander hängen und so eine Ausstellung organisieren.

Mithilfe der unterschiedlichen Bilder können Sie dann mit jüngeren Kindern gut die Farben einüben.

Material:

Bonbonpapiere,
Verpackungen,
Pappe, Papier
oder ein Schuhkarton,
Wasserfarben,
Kleber,
Schere

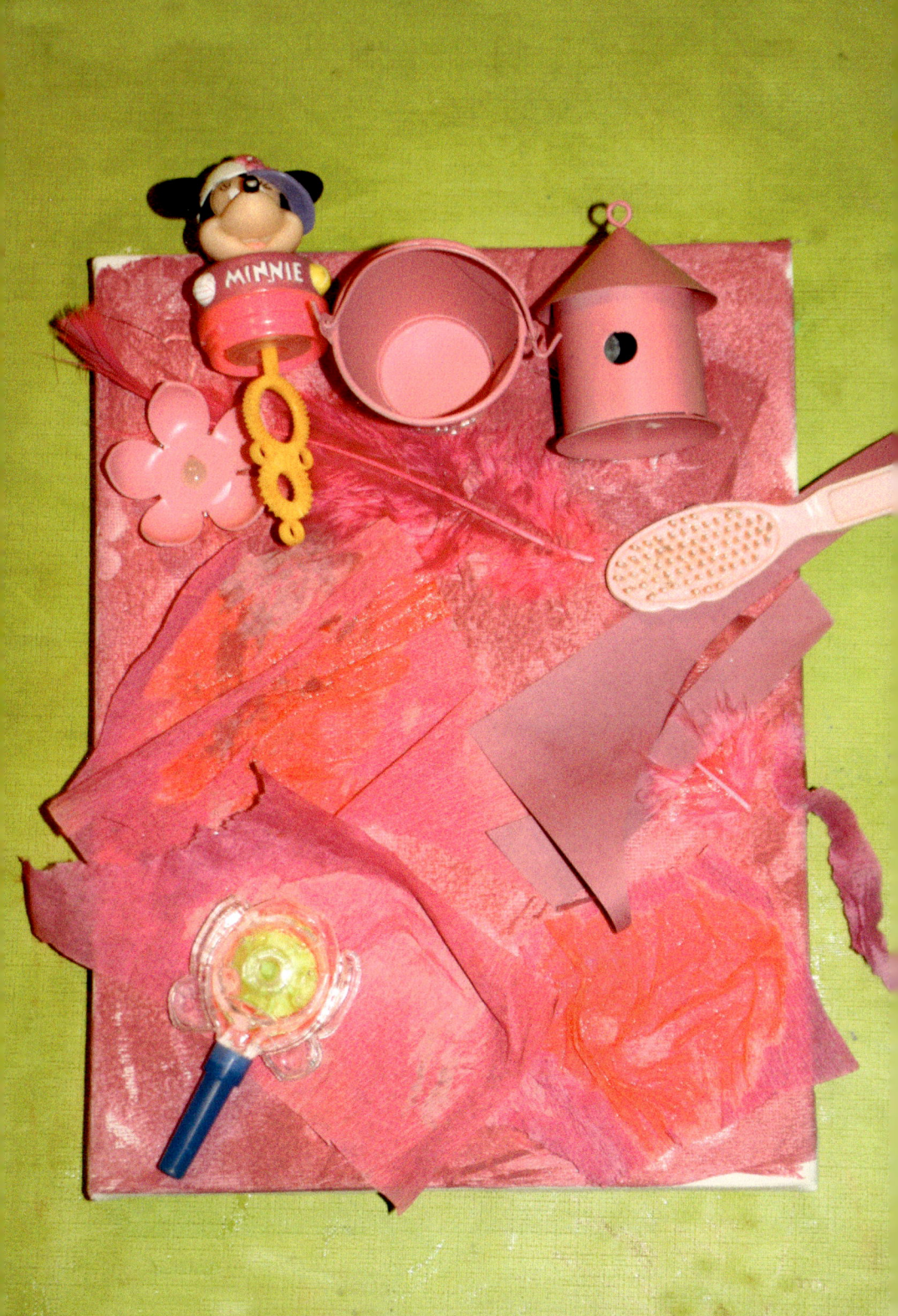

1. Freies Arbeiten

Alle Vögel fliegen hoch!

Nicht nur alle Vögel, auch ganz andere Dinge können fliegen. Natürlich geht das nicht ganz so einfach, aber die Kinder können Objekte schaffen und diese mit Hilfe einiger Fäden unter der Zimmerdecke schweben lassen.

Am haltbarsten ist Drachenschnur, sie ist sehr reißfest.

* Eine lange Röhre (zum Beispiel von einer Küchenrolle) oder einen anderen geeigneten Gegenstand als Körper verwenden.

* Daran allerlei Flügel, Drachenköpfe, Beine, Arme, Antennen oder Solarfelder aus Draht, Karton, Joghurtbechern oder Apfelsinennetzen befestigen.

* Das Flugobjekt nach Belieben bemalen.

* Durch den Körper eine Drachenschnur hindurchführen.

* Die freien Enden verknoten und so eine Schlaufe bilden.

* An der Schnur zum Trocknen aufhängen.

* Das fertige Objekt später an einem Zweig oder einem Nagel befestigen.

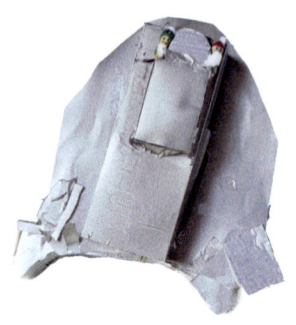

Material:
Draht, Karton,
Joghurtbecher,
Apfelsinennetze,
Klorollen,
leere Schachteln,
Kleber, Schere,
Wasserfarben
oder andere Farben

1. Freies Arbeiten

Mein Traumhaus

Träumen kann jeder und Träume hat jeder. Die Kinder können ihr Traumhaus bauen.

* ✿ Aus mehreren Kartons ein Haus zusammenbauen.
* ✿ In die Kartons Fenster und Türen hineinschneiden.
* ✿ Für die Dekoration der Wände Bonbonpapiere mit einem kleinen Gummiband zu Gardinen zusammenbinden.
* ✿ Aus Streichholzschachteln und Joghurtbechern Schränke und Ablagen anfertigen.
* ✿ Aus kleinen Plastikteilen Lampen basteln.

Geben Sie immer nur einem Kind ein scharfes Messer, so können Sie dieses Kind genau dabei beobachten, wie es schneidet. Außerdem lernen die Kinder dabei gleich, sich ein Werkzeug zu teilen und es dann weiterzugeben, wenn es der Nächste benötigt.

Material:

Kartons in mehreren Größen,
Streichholzschachteln,
kleine Plastikteile,
Schere,
Kleber,
Farbe,
Stoffreste

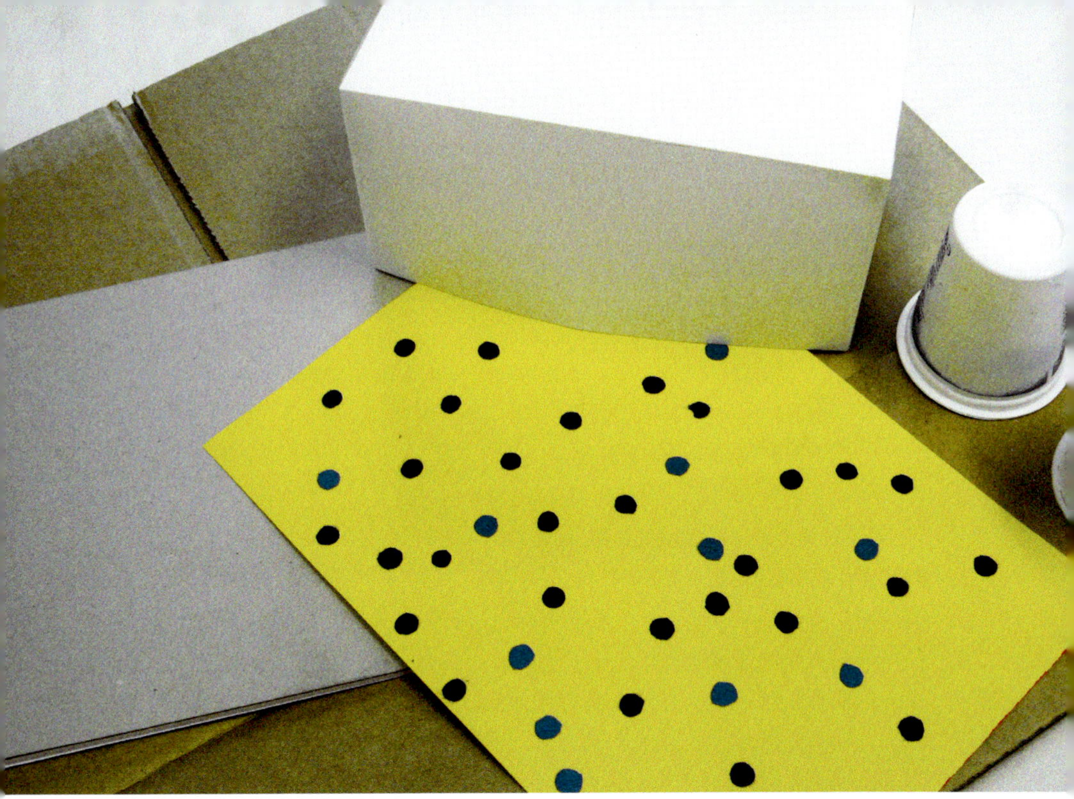

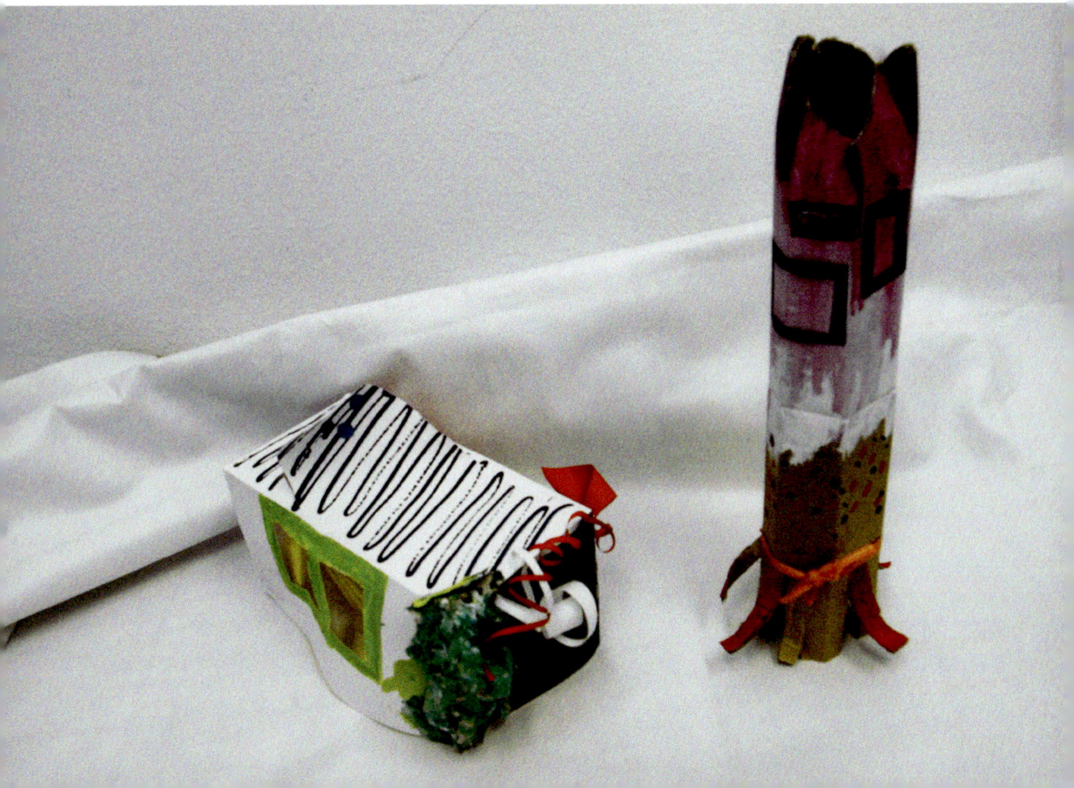

1. Freies Arbeiten

Eine Maschine

Es klingt schon ein wenig verrückt, den Kindern die Anregung zu geben, sie sollen eine Maschine bauen – Sie werden jedoch erstaunt darüber sein, was dabei alles herauskommen wird. Maschinen sind für Kinder reine Wunderwerkzeuge. Und so wird dies eine Maschine werden, welche die tollsten Dinge kann.

Vielleicht kommen oben in einen Trichter Kartoffelschalen hinein und unten kommen Spaghetti raus, vielleicht aber auch Vanilleeiscreme.

Es kann sein, dass sie die Maschine anpusten müssen, damit sie ihnen die Schnürsenkel zubindet. Lassen Sie sich einfach überraschen und stehen Sie den Kindern mit Rat und Tat und vor allem mit vielen Materialien zur Seite.

Lassen Sie sich, wenn die Maschine fertig ist, unbedingt erzählen, wie sie funktioniert und was sie produziert oder bewirkt.

Denken Sie daran die Maschinen von allen Seiten gemeinsam mit ihren Erfindern zu programmieren. Schreiben sie die entsprechenden Funktionen auf.

Material:
Leere Verpackungen,
Schere,
Kleber,
Farbe

1. Freies Arbeiten

Mein Fantasietier

Viele Kinder haben ein Lieblingstier. Wenn sie dieses basteln wollen, kann das schwierig werden.

Wenn es dann genau so aussehen soll, wie der Hund vom Nachbarn oder wie das eigene Kaninchen, klappt das nicht immer. Manchmal sind die Kinder dann enttäuscht.

Einfacher ist es, wenn die Kinder ein Fantasietier basteln.

Das kann dann sehr originell aussehen und muss keiner Vorlage gleichen.

Den Körper eines solchen Tieres können die Kinder aus Stoff, Pappe oder Kunststoff basteln.

Besonders gut eignen sich Socken oder Handschuhe, die ausgestopft tolle Formen annehmen können.

Besonders interessant wird es dann, wenn die Kinder ihren Tieren Namen geben und erzählen was die Tiere alles können.

Material:

Stoff, Socken
oder Handschuhe,
Pappe oder Kunststoff,
Schere,
Kleber

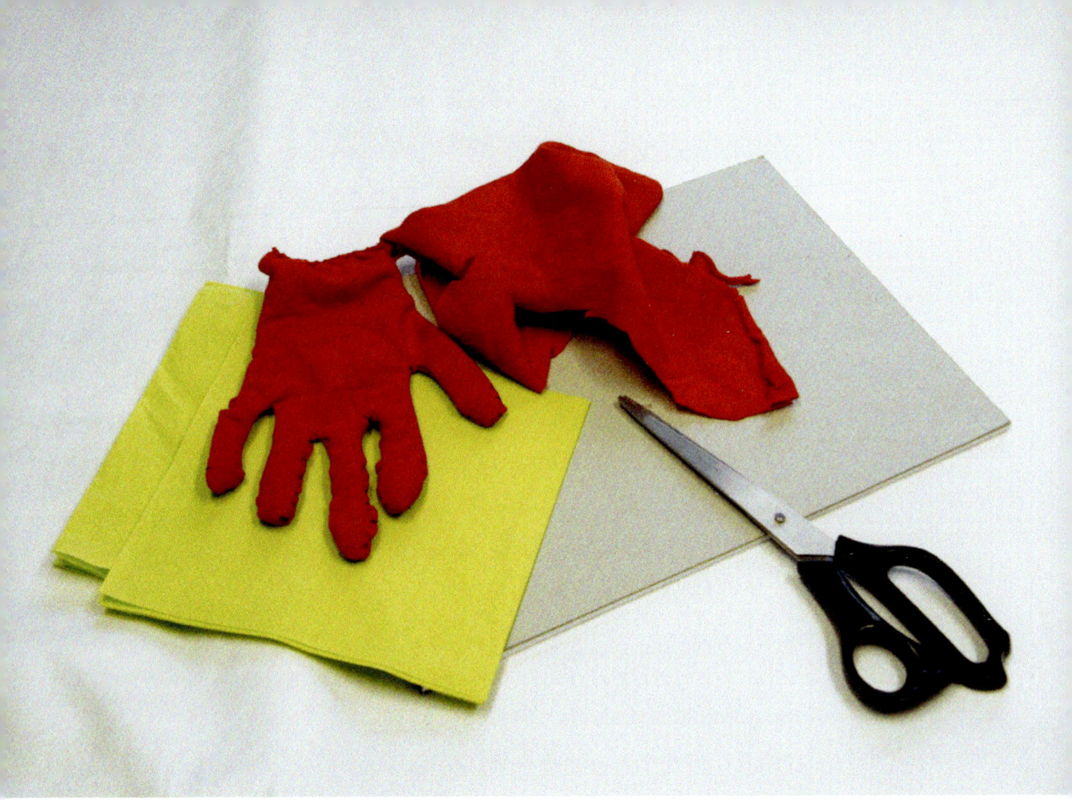

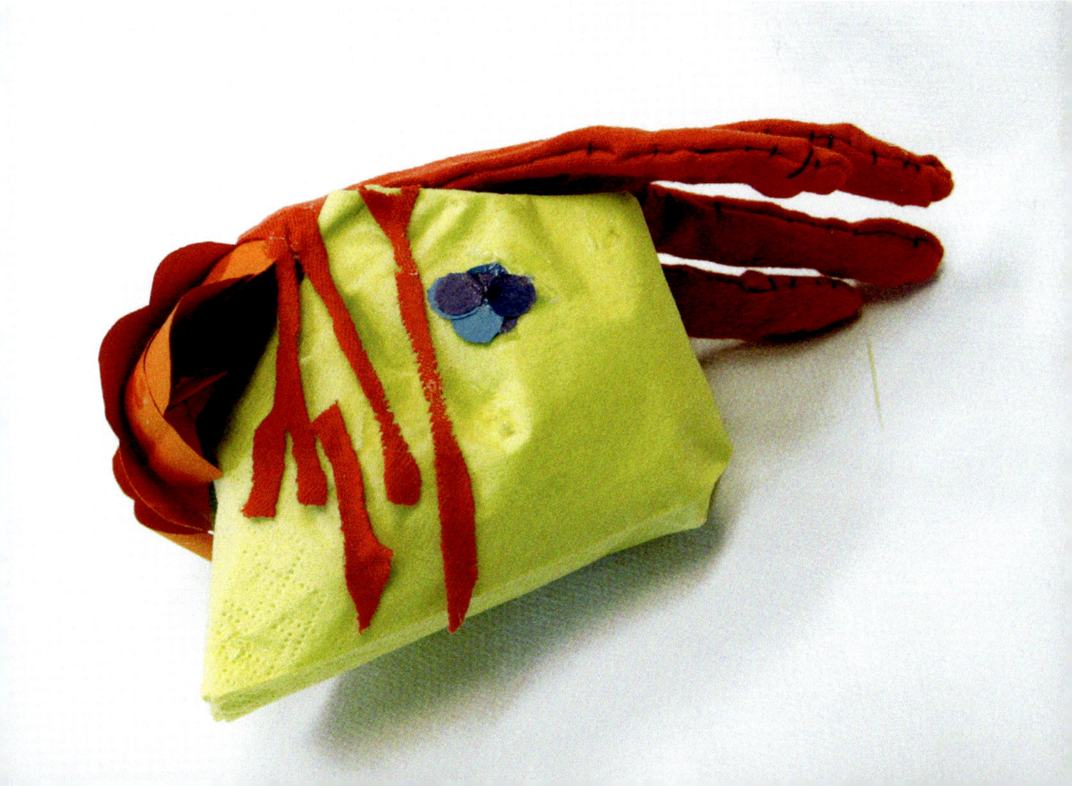

Schachteln, Gläser, Schalen, Flaschen verschönern

Viele kleine Schächtelchen und Flaschen erwachen zu neuem Leben, wenn die Kinder ihnen ein neues Gesicht geben.

Besonders formschöne Exemplare sehen angemalt, mit Papier oder glitzernden Perlen beklebt, gleich ganz anders aus.

So wird aus der Flasche eine Blumenvase und aus dem alten Pappkarton eine Geschenkschachtel oder eine Kiste, in der alle möglichen wertvollen Gegenstände aufbewahrt werden können.

Zum Verzieren eignen sich besonders schöne Knöpfe, Schleifen von Geschenkverpackungen und glitzernder Blumenschmuck. Diese können die Kinder auf die jeweiligen Objekte kleben.

Ein Schraubglas, gefüllt mit selbst gemachter Marmelade, lässt sich so schön verzieren und macht Lust auf ein leckeres Brötchen mit Marmelade.

Material:

Schachteln oder Flaschen,
Knöpfe,
Glassteine,
Schleifen,
Blumenschmuck,
Federn,
Schere,
Kleber,
Farben

1. Freies Arbeiten

Bilder entstehen lassen

Kinder malen sehr gern und lassen ihrer Fantasie dabei freien Lauf. Im Kapitel zu den verschiedenen Techniken können Sie sich darüber informieren, wie die Kinder verschiedene Farben einsetzen können. Kinder möchten oft gesagt bekommen, was sie malen sollen. Es ist sehr hilfreich den Kindern Anregungen geben zu können.

Ganz toll ist es, ein kleines Gefäß zu haben, in dem eine Fülle von Ideen auf kleinen Kärtchen zu finden ist. Die Kinder können eines der Kärtchen ziehen und entscheiden, ob sie das Bild zeichnen möchten oder nicht.

Stellen Sie ein zweites Gefäß zur Verfügung, in dem sich Kärtchen befinden, auf denen Sie verschiedene Techniken vorschlagen. So können sich die Kinder, die sich nicht sicher sind, erst Ideen holen und diese dann mit der entsprechenden Technik umsetzen. Was daraus genau entsteht, überlassen Sie den Kindern selbst in der freien Arbeit.

Ideen für die Kärtchen

Regenbogen, Haus, Tier, Du selbst, Fahrzeug, Was wollen wir heute kochen?, Superpizza, Eiscreme, Baumhaus, Blumenstrauß, Schiff, Haus, Geschenk, Gewitter, Hüte, Turm, Schloss, Blick aus dem Fenster, Blumenwiese, Garten, Unter Wasser, Uhr, Schuhe, Baum, Musikinstrument, Prinzessin, Ritter, Pirat, Computer, Torte

Freie Kärtchen zu den Techniken oder Farben

Fingerfarben, Filzstifte, Buntstifte, Wasserfarben, Kreide, Wachsmalstifte

Auf den folgenden Seiten finden Sie einige Kärtchen als Vorschlag zum Kopieren, weitere Karten können Sie einfach selbst gestalten.

Haus

Blumenstrauß

Schuhe

Baum

Regenbogen

Geschenk

Schloss

Wachsmaler

Piratenschiff

Filzstifte

Uhr

Buntstifte

Hüte

Musikinstrumente

Eis

Blumenwiese

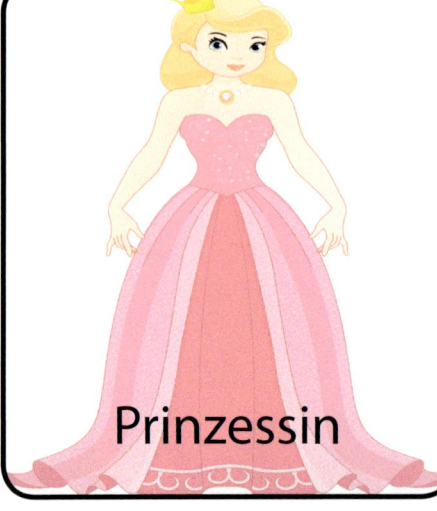

Prinzessin

Pferd

Torte	Ölkreide
Pirat	Fingerfarbe
Ritter	Wasserfarbe

2. Bestimmte Techniken

Verschiedene Aufgabenstellungen

Es gibt eine ganze Reihe von verschiedenen Techniken, welche die Kinder im Laufe ihrer Kindergartenzeit lernen sollten. Sie müssen natürlich die Möglichkeit bekommen viel auszuprobieren und zu entscheiden, was ihnen am besten gefällt. Die folgenden Beispiele sind so ausgewählt, dass sie die erklärten Techniken sehr gut veranschaulichen und so einen besonders einfachen ersten Einstieg ermöglichen.

Erklärungen der Aufgaben

Erklären Sie den Kindern in kleineren oder größeren Gruppen, was Sie mit ihnen machen möchten. Dabei soll natürlich nicht das Erklären der Technik im Vordergrund stehen, sondern das Erschaffen eines neuen Kunstwerkes. Die Technik sollte in den Hintergrund rücken und eher Mittel zum Zweck sein und nicht der Hauptgrund, aus dem heraus die Kinder arbeiten.

Gelenktes Arbeiten – freies Arbeiten

Damit Kinder alleine Ideen entwickeln können, müssen sie zunächst einmal in der Lage sein, ihre Fähigkeiten richtig einzuschätzen und ihr Wissen anzuwenden. Darum kann es manchmal sinnvoll sein, in den Gestaltungsprozess einzugreifen und Vorlagen anzubieten. Die Kinder werden mitarbeiten und daraus eigene Ideen entwickeln. Halten Sie die Kinder dazu an, die Techniken möglichst genau anzuwenden. Wenn die Ausführungen kreativ und eigenwillig sind, dann macht das natürlich nichts, suchen Sie aber das Gespräch und fragen Sie nach den Gründen für die Umsetzung.

Materialien

Die folgenden Aufgaben sind so ausgewählt, dass Sie diese meist mit den Materialien, die Sie sowieso im Kindergarten haben, umsetzen können, wie zum Beispiel mit Buntstiften, Wachsmalstiften und Wasserfarben. Die anderen Materialien, die Sie benötigen, sind einfach zu beschaffen und es handelt sich dabei um Dinge, die schon in Phase eins genannt wurden.

Einstimmung auf Themen

Oft lohnt es sich einen Übergang zu den Themen zu finden und sie mit den Kindern zu besprechen. Das kann zum Beispiel beim Gestalten eines Schmetterlingsbildes das Buch über die kleine Raupe Nimmersatt sein, aber genauso ein Schmetterling, den die Kinder auf der Wiese gesehen haben. So fällt es den Kindern viel leichter, sich auf ein Thema einzulassen. Ebenso sollten sie die Kinder wieder aus dem Thema herausführen. Die Kinder können etwas mit ihren Kunstwerken machen. Das könnten, je nach Thema, zum Beispiel wechselnde Ausstellungen in der Einrichtung sein.

Gesprächsanlässe

Laden Sie die Eltern immer wieder beim Abholen dazu ein, einen Blick auf die Arbeiten der Kinder zu werfen. Denn nur so haben die Eltern die Möglichkeit, an die Arbeiten anzuknüpfen und das Gespräch mit ihren Kindern zu suchen. Erklären Sie den Eltern an einem Elternabend, wie sie solche Gespräche führen können: Sprechen Sie die Kinder direkt auf die Bilder an und stellen Sie offene Fragen, auf die sie nicht nur mit ja oder nein antworten können. Zum Beispiel: „Was hast du gemalt?", „Wie hast du das gemacht?", „Wer hat dir dabei geholfen?", „Warum hast du das so gemacht?" So können die Kinder noch einmal reflektieren, was sie gestaltet haben.

2. Bestimmte Techniken

Gespräch mit den Kindern

Sie können mit den Kindern besprechen, was sie erschaffen haben. Was war daran leicht und was war ein bisschen kniffliger? Warum haben sie bestimmte Sachen genau so oder anders gemacht, als zunächst besprochen. Wenn Sie es schaffen, dass die Kinder nicht nur mit Ihnen darüber reden, sondern sich auch miteinander unterhalten und sich gegenseitig Tipps und Hinweise geben, dann haben Sie einen großen Schritt getan.

Jede Arbeit ist einzig

Das sollten Sie beachten und keine Bewertung oder einen Vergleich aufkommen lassen. Jedes Kind hat eigene Talente und Fähigkeiten. Wenn es aber hören muss, dass die anderen es viel besser machen, dann macht ihm das Arbeiten keinen Spaß mehr. Erklären Sie, wie man einen Stift hält, machen Sie vor allem viel vor, denn Kinder lernen durch Nachmachen und Nachahmen. Das machen sie in der Regel ganz von allein. Kinder brauchen keine ständige Ermahnung.

Lust wecken

Wenn ein Kind keine Lust zum Arbeiten hat, dann hat das oft einen Grund. Vielleicht ist es frustriert, weil es etwas nicht kann, vielleicht lockt aber der Baubereich einfach mehr, wenn alle anderen beschäftigt sind. Geben Sie jedem Kind die Zeit, die es braucht. Das kann bedeuten, dass es an einem Tag nicht mitarbeitet und dann am nächsten Tag oder in der nächsten Woche während des Freien Spiels nachholt, was es verpasst hat – oder es unter Umständen gar nicht tut. Versuchen Sie es nicht mit Strenge, sondern wecken Sie die Lust der Kinder. „Möchtest du auch so einen tollen Schmetterling basteln?" – Das klingt viel netter und lässt dem Kind die Wahl abzulehnen.

Aufbewahren oder mitgeben?

Sollen die Kinder ihre Kunstwerke gleich mitnehmen, wenn sie fertig sind oder wenn die Ausstellung beendet ist?

Alternativ sammeln Sie die Kunstwerke und geben sie den Kindern beim Kindergartenabschluss mit. Bilder können Sie in Sammelmappen aufbewahren und kleinere Objekte in Schachteln, wie zum Beispiel Schuhkartons. Die Kinder verzieren beides sicher gerne und bewahren dann ihre Lieblingsbilder darin auf.

Manche Kinder nehmen ihre Bilder gern mit und hängen sie zu Hause auf. Andere Kinder freuen sich darüber, wenn sie die Kunstwerke zum Abschluss noch einmal in den Händen halten und sich zurückerinnern dürfen. Vielleicht ist eine Kombination von beidem eine gute Lösung.

Einzelne Stücke nehmen die Kinder gleich mit nach Hause, andere werden gesammelt. Ab und zu werfen die Kinder einen Blick in ihre Schatzkisten und schauen, was dort alles zu finden ist.

Ideen für die Umsetzung bestimmter Techniken

Die folgenden Techniken können Sie bei zahlreichen verschiedenen Ideen anwenden. Die hier ausgewählten Ideen, passen besonders gut dazu und geben den Kindern einen verständlichen Einblick. Wenn sie später die Techniken in einem anderen Zusammenhang anwenden sollen, dann erinnern Sie die Kinder ganz einfach daran.

2. Bestimmte Techniken

Schnipselvogel

Die Kinder benötigen für diese Arbeit ganz viele Schnipsel in verschiedenen Farben. Die ausgerissenen Stücke sollten im Durchmesser eine Größe von 1 – 2 cm haben. Bewahren Sie die Schnipsel farblich sortiert in kleinen Dosen (zum Beispiel von Eiscreme) oder in Pappschachteln auf.

Und so geht's:

* Viele Schnipsel aus Zeitungen, Katalogen und Zeitschriften ausreißen.

* Eine Vorlage auf ein großes Blatt (DIN A3) malen, das lässt das Kunstwerk gut zur Wirkung kommen.

* Die Schnipsel mit einem Klebestift auf die Vorlage aufkleben.

* Um das Bild haltbarer zu machen, am Ende das fertige Kunstwerk dünn mit einer Schicht Kleister überziehen. Hierfür entweder recht schnell arbeiten, oder die Stellen immer teilweise bestreichen.

Ein Vogel eignet sich besonders gut als Vorlage, denn sein Gefieder können die Kinder in den verschiedensten Farben schillern lassen.

Diesem Bild können die Kinder ein noch abwechslungsreicheres Aussehen geben, wenn sie den Vogel nicht nur auf einen Ast aus anders gefärbten Papierschnipseln setzen, sondern auf einen, der aus kleinen Holzstückchen besteht. Zumindest die Holzstückchen müssten die Kinder mit Kleister aufkleben, damit sie wirklich halten.

Material:

Zeitungen, Kataloge,
kleine Dosen, Gläser oder
Pappschachteln,
Papier (A3),
Kleber, evtl. Kleister,
kleine Holzstückchen

2. Bestimmte Techniken

Unterwasserwelt (Wachsmalstifte)

Unter Wasser, da gibt es eine eigene, noch unerforschte Welt. Hier schwimmen uns unbekannte Fische und andere Meeresbewohner durch Schlingpflanzen entgegen. Dies können die Kinder darstellen. Sie nutzen dazu ein Blatt (DIN A4 – sonst wird es zu schwierig) und Wachsmalkreiden.

- ✿ Zunächst das Blatt großflächig, komplett anmalen. Dabei darf es ganz bunt in allen Farben leuchten. Für den besten Effekt, vor allem viele helle Töne benutzen. Dazu relativ fest mit dem Wachsmaler auf das Papier drücken. Kein Fleckchen darf unbemalt bleiben.

- ✿ Danach das ganze Bild komplett schwarz übermalen. Dabei mit einem recht starken Druck arbeiten und keine Ecke auf dem Blatt aussparen, bis es komplett schwarz übermalt ist.

- ✿ Nun entweder mit einem Kratzer, wie er den Wachsmalkästen meist beiliegt, oder mit einer stumpfen Nadel arbeiten.

- ✿ Die Unterwasserwelt freikratzen. Fische oder Seepferdchen, Felsenriffe und Anemonen vorsichtig in die schwarze Schicht ritzen.

- ✿ Eventuell das Bild mit Frischhaltefolie überziehen. Es bekommt dadurch einen richtigen Unterwassercharakter.

So entsteht eine einzigartige Landschaft voller Überraschungen für die Kinder, die sie erschaffen haben. Beim Arbeiten entstehen durch das Abkratzen der Wachsschicht viele kleine schwarze Teilchen, die eventuell auf der Kleidung und dem Fußboden Spuren hinterlassen können. Entfernen Sie diese möglichst schnell.

Material:

Papier,
Wachsmalstifte,
Kratzer oder Nadel,
evtl. Frischhaltefolie

2. Bestimmte Techniken

Feuer und Wasser (Ölkreide)

Feuer und Wasser mögen sich nicht. Das wird bei diesem Bild besonders gut deutlich.

- ❀ Zunächst mit Ölkreiden ein Feuer malen.
  Hierbei mit den Farben besonders fest auf das Papier drücken.

- ❀ Im Anschluss mit Wasserfarbe das Wasser über das Bild malen.

Dabei nehmen die Bereiche, welche die Kinder zuvor mit der Ölkreide angemalt haben, keine Farbe an. Verschiedene Blautöne auf das Bild aufgetragen, wirken wie Wasser, das von verschiedenen Seiten auf das Feuer gespritzt wird.

Erzählen Sie den Kindern dazu eine Geschichte darüber, wie das Wasser versucht das Feuer zu löschen und sich das Feuer dagegen wehrt und sich nicht löschen lassen will.

Die Bereiche, die vom Wasser überdeckt wurden, lassen sich anschließend nicht mehr so leicht mit Ölkreiden übermalen – das Feuer kann in diesen Bereichen nicht gut angreifen.

Material:

Papier, Ölkreide, Wasserfarben

2. Bestimmte Techniken

Zwei lange Beine und Arme (Hexentreppe)

Die Hexentreppen können sie auf ganz unterschiedliche Art und Weise verwenden.

Hier werden sie zu Armen und Beinen für einen Wichtel.

- ❀ Körper und einen Kopf für den Wichtel auf ein Blatt Papier malen oder aus verschiedenen bunten Papieren aufkleben.

- ❀ Kopf und Körper ausschneiden.

- ❀ Für die Beine und Arme Hexentreppen basteln:

- ❀ Dafür zwei gleichlange Papierstreifen nehmen.

- ❀ Die beiden Streifen an einem Ende im rechten Winkel übereinander legen und mit Klebstoff fixieren.

- ❀ Dann immer abwechselnd den unteren Streifen über den gerade darüber liegenden Streifen knicken.

- ❀ Das Ende wieder mit Klebstoff fixieren.

- ❀ Wenn je zwei Paar fertig sind, eins für die Arme und eins für die Beine, diese an den Wichtelkörper ankleben.

Material:

Bunte Papiere,
Schere,
Kleber

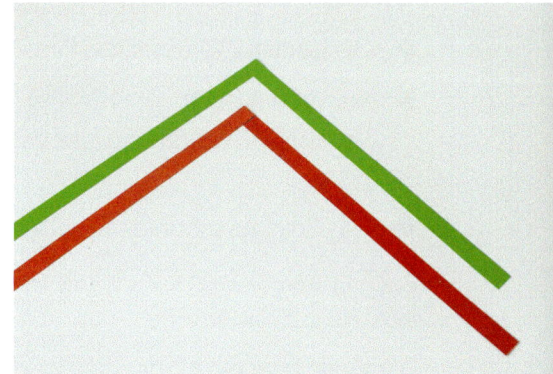

2. Bestimmte Techniken

Schraffuren

Die Oberflächenzeichnung von Münzen und anderen Gegenständen, die eine Struktur haben, lässt sich ganz einfach mit einem Bleistift auf ein Blatt Papier übertragen.

- ❀ Die Geldstücke unter das Papier legen.
- ❀ Mit dem Bleistift gleichmäßig, mit leichtem Druck, über den geriffelten Untergrund fahren. So überträgt sich die Oberflächenstruktur auf das Blatt.
- ❀ Das Geld ausschneiden und z.B. als Spielgeld verwenden.

Auch andere Gegenstände, die eine strukturierte Oberfläche haben, eignen sich, wie z.B. Baumrinde.

Das Papier, das die Kinder nutzen, darf nicht zu dick sein. Butterbrotpapier ist sehr gut geeignet, aber auch das etwas dickere Druckerpapier. Letzteres eignet sich besser, wenn die Kinder später mit den entstandenen Objekten spielen wollen.

Besonders haltbar wird das Ganze, wenn die Kinder Butterbrotpapier mit der Schraffur einer Münze auf die beiden Seiten eines Stücks Pappe kleben. So werden die Schraffuren zu haltbarem Spielgeld.

Material:

Papier oder Butterbrotpapier,
Bleistift,
Münzen

2. Bestimmte Techniken

Und dann?

Eine Postkarte zeigt immer einen Ausschnitt. Doch wie sieht es daneben, dahinter oder davor aus? Wenn wir eine Postkarte oder einfach nur ein Bild auf ein Blatt kleben, dann können die Kinder zeigen, wie es auf dem Bild weitergeht.

* ❂ Eine Postkarte auf ein Blatt kleben.
* ❂ Die Fläche um die Postkarte herum mit Filzstiften oder Buntstiften gestalten.

Es ist immer gut, direkt am vorhandenen Bild zu beginnen und etwas fortzusetzen, das schon da ist – zum Beispiel den Baum weiterzumalen, der am Rand steht oder die Bucht mit dem Sandstrand. Daran können sich dann andere Ausschnitte des Bildes anschließen.

Vielen Kindern fällt es leichter, wenn sie nicht an einer Fotografie weiterarbeiten, sondern an einem gemalten Bild. Es gibt zahlreiche Künstlerpostkarten, die Sie den Kindern zu diesem Zwecke anbieten können.

Kinder, die sehr kreativ sind, können zwei verschiedene Motive miteinander verbinden und so ein ganz neues Bild entstehen lassen.

Material:

Postkarte,
Papier,
Farben,
Kleber

2. Bestimmte Techniken

Pappmaschee und Salzteig

Zweidimensional auf dem Papier zu arbeiten, ist nur eine von vielen Gestaltungsmöglichkeiten. Für die Kinder ist es ein besonderes Erlebnis, plastische Objekte zu schaffen. Dafür brauchen sie eine Masse, die sie formen können. Es gibt zwei Varianten, welche die Kinder ganz einfach selbst anfertigen können. Die eine ist Pappmaschee und die andere Salzteig.

Pappmaschee

Pappmaschee trocknet an der Luft, braucht aber je nach Dicke ein paar Tage, bis es ausgehärtet ist.

Herstellung

- ❀ Möglichst saugfähiges Papier zu kleinen Schnipseln reißen.

- ❀ Kleister mit zwei Dritteln der üblichen Wassermenge anrühren.

- ❀ Die Schnipsel darin einweichen.

- ❀ Das ganze so lange gut durchrühren, bis ein zähflüssiger Brei entsteht.

Hieraus lassen sich besonders gut Köpfe von Figuren herstellen. Eine andere Möglichkeit ist es, einen Körper, zum Beispiel ein Drahtgeflecht oder einen Luftballon, mit Papier und Kleister zu umkleben, um dem ganzen eine neue Form zu geben. So können die Kinder Körper herstellen, die innen hohl sind.

Material:

Zeitungsschnipsel,
Wasser,
Kleister,
Schüssel,
Löffel

2. Bestimmte Techniken

Salzteig

Salzteig können die Kinder ähnlich wie Knetgummi verwenden und Kunstwerke daraus formen.

Klassisches Rezept für Salzteig

* ❀ zwei Tassen Mehl - eine Tasse Salz - eine Tasse Wasser

* ❀ Alle Zutaten zu einem Teig verkneten.

Bei diesem Rezept können jedoch leicht Risse beim Backen entstehen. Darum ist es sinnvoll ein Viertel des Mehls durch Speisestärke zu ersetzen:

Salzteig mit Speisestärke

1 1/2 Tassen Mehl - 1/2 Tasse Speisestärke - eine Tasse Wasser dazu kommt ein Löffel Speiseöl

* ❀ Salzteig wie Plätzchenteig oder Knetgummi behandeln.

* ❀ Wenn er zu flüssig geworden ist, etwas Mehl hinzufügen.

Salzteig ist ungenießbar, aber ungiftig – sofern die Kinder keine größeren Mengen davon verspeisen. Da er völlig versalzen ist, würde ihn ohnehin jeder sofort wieder ausspucken.

Material:

Mehl,
Speisestärke,
Salz,
Öl,
Wasser,
Tasse,
Schüssel,
Löffel

2. Bestimmte Techniken

Mein Gesicht

Es ist ganz schön schwierig das eigene Gesicht zu malen oder zu gestalten, doch mit vielen Materialien und viel Humor kann es sehr lustig werden.

Stellen Sie den Kindern Wolle, Knöpfe, Holzstückchen und andere Dinge zur Verfügung, mit denen sie dann ihr eigenes Gesicht gestalten können.

❀ Gesichter auf Papiertüten malen.

❀ Ein paar Knicke in der Tüte geben dem Gesicht ein besonderes Aussehen.

❀ Die Tütengesichter noch mit Stiften, Knöpfen oder Wolle verschönern.

Lustig ist es auch, wenn die Kinder mit den Händen in die Tüten hineinfassen und ihnen Leben verleihen.

So können Sie eventuell Kinder, die nicht so gern reden, zum Sprechen bringen. Denn vielen Kindern fällt es leichter, in der Rolle einer anderen Person zu sprechen.

Material:
Wolle,
Knöpfe,
Holzstückchen,
Stifte,
Papiertüten

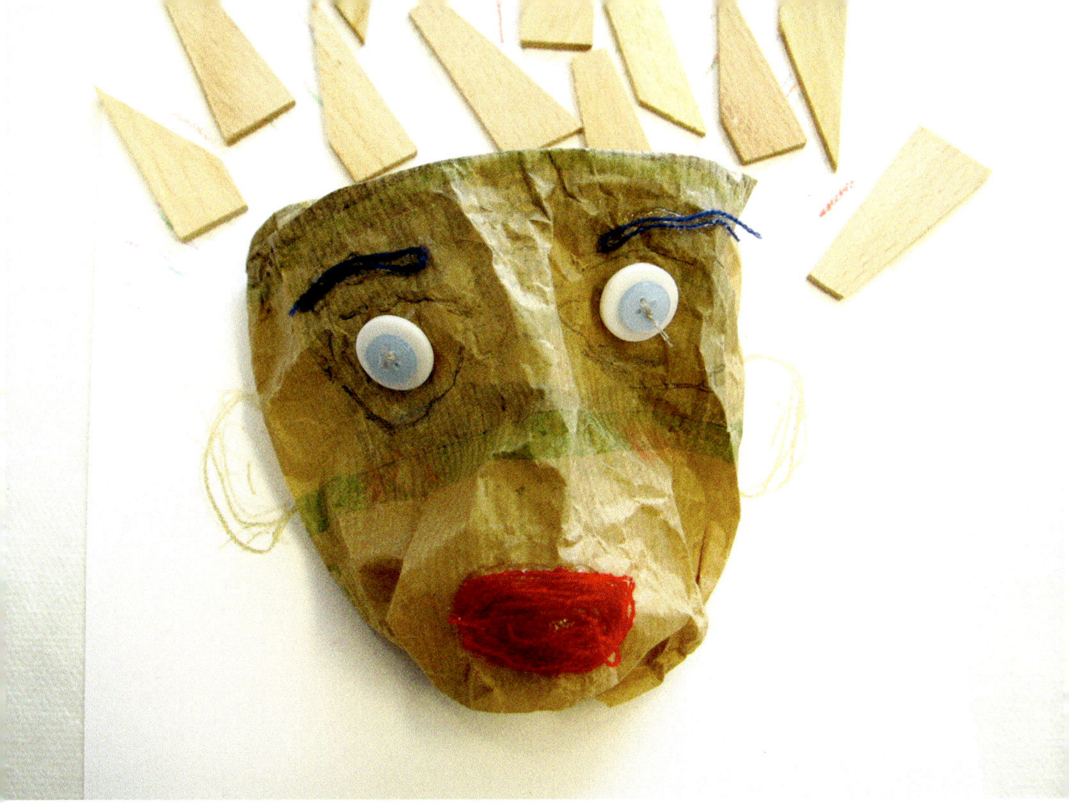

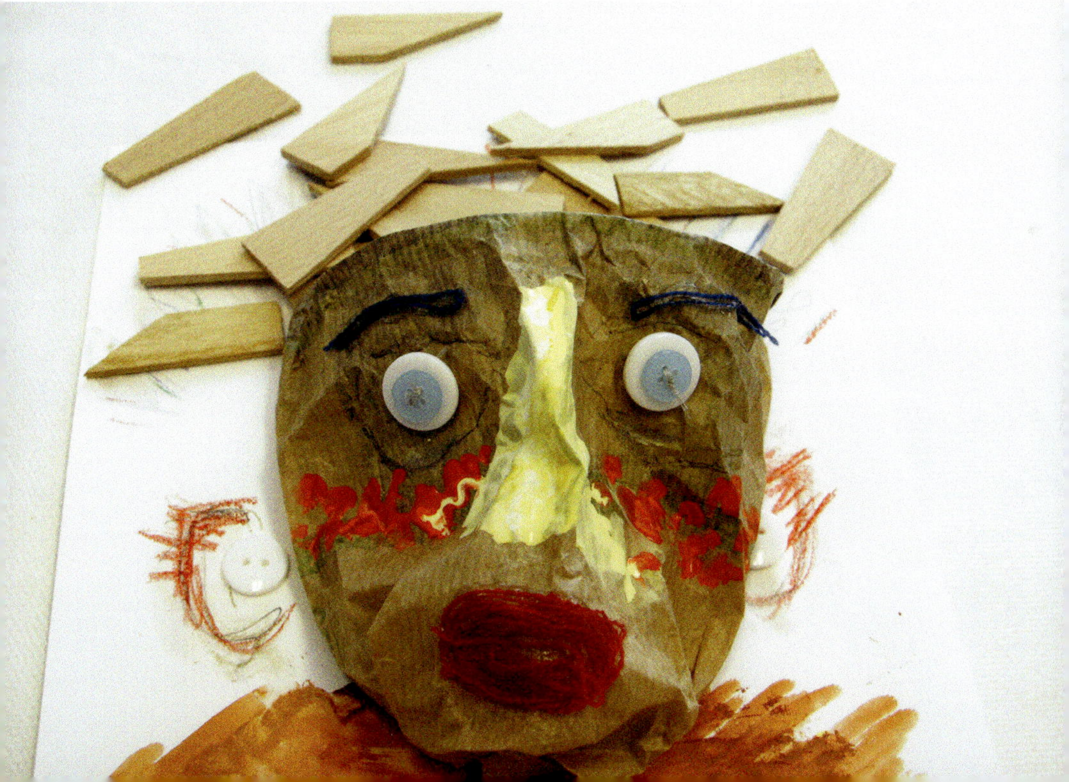

2. Bestimmte Techniken

Windlichter mit Murmeltechnik

❁ Ein Blatt Papier in einen Schuhkarton legen.

❁ Vorsichtig die Wasserfarbe in einem Farbton an verschiedenen Stellen des Blattes auftropfen.

❁ Eine Murmel auf das noch feuchte Blatt legen.

❁ Die Farbe durch Bewegung verteilen.

❁ Das ganze mit mehreren anderen Farben wiederholen, bis das gewünschte Ergebnis entstanden ist.

Variante

❁ Eine Butterbrottüte anstatt des Papiers verwenden.

❁ Ein kleines Marmeladenglas, mit einem Teelicht darin, in die Tüte stellen.

❁ So entsteht ein sehr schönes, individuelles Windlicht.

Es ist einfacher, wenn die Kinder einen möglichst kleinen Schuhkarton nutzen – am besten von kleinen Kinderschuhen – so dass die Butterbrottüte möglichst genau hineinpasst. Wenn die Tüte von der einen Seite getrocknet ist, darf die Murmel über die andere Seite rollen. Nach dem Trocknen das Glas in die Tüte stellen. Das verleiht zum einen Stabilität und zum anderen kann so das Teelicht kein Feuer entzünden.

Das Windlicht können die Kinder sowohl im Sommer als Lichtquelle für draußen nutzen, als auch im Winter als heimelige Beleuchtung in der Weihnachtszeit.

Material:

Schuhkarton,
Papier
oder Butterbrottüte,
Wasserfarben,
Murmel

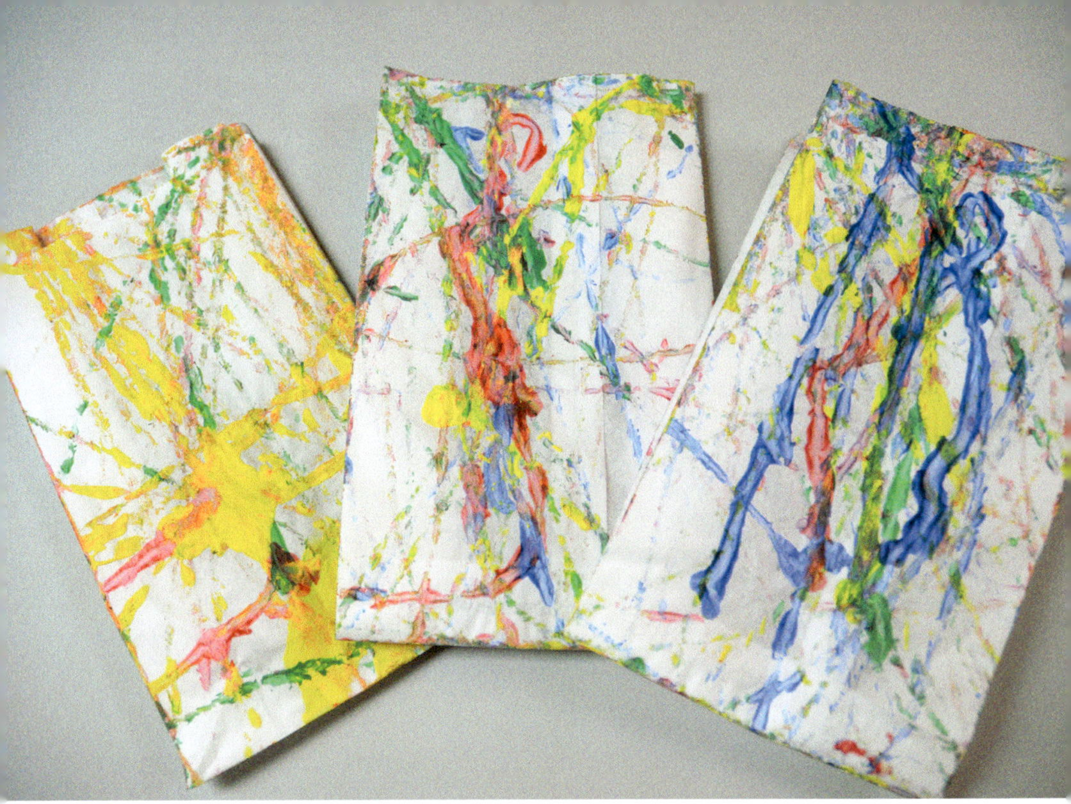

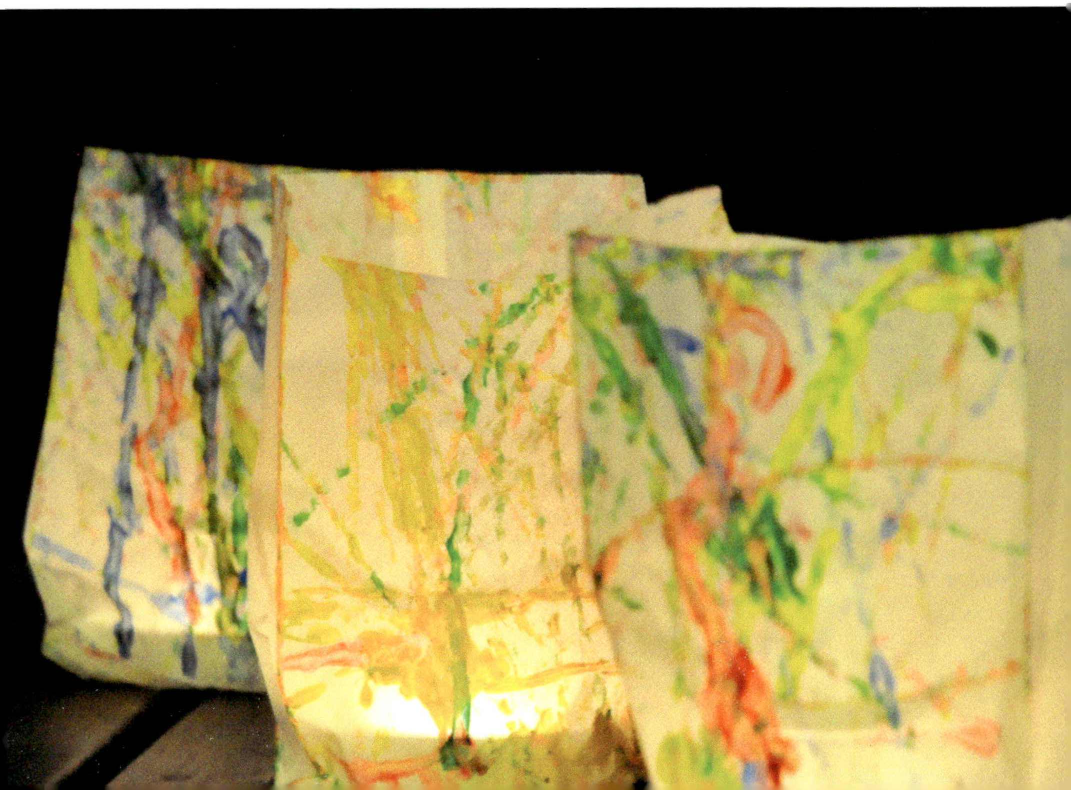

2. Bestimmte Techniken

Auf die Wette lospusten

Zufallsbilder können auch auf andere Art und Weise entstehen.

Zum Beispiel wenn die Kinder Trinkhalme verwenden.

- ✿ Sehr flüssige Wasserfarbe an einer Stelle auf ein Blatt auftragen.

- ✿ Die Farbe mit einem Strohhalm anpusten.
  Dadurch zerläuft die Farbe ganz ungeplant.

Auf dunklem Papier kann dies zu einem Feuerwerk aus ganz verschiedenen Farben werden.

Hängen mehrere Bilder nebeneinander, dann kann daraus ein fantastischer Nachthimmel entstehen.

Mit dieser Technik lernen die Kinder, dass durch Zufallsgestaltung Interessantes und Faszinierendes entstehen kann.

Material:

Papier,
Wasserfarben,
Trinkhalme

2. Bestimmte Techniken

Drucken und Stempeln

Kinder lieben es Stempel zu nutzen. Stellen Sie mit den Kindern selber welche her.

Kartoffelstempel

❋ In die flache Seite einer halbierten Kartoffel unterschiedliche Formen schnitzen.

❋ Die Stempelseite mit Wasserfarbe bestreichen.

❋ Den Stempel auf ein Blatt Papier oder einen Gegenstand drücken.

Holz mit Moosgummi

❋ Ein handliches Stück Holz, etwa einen ausgedienten Bauklotz, aussuchen.

❋ Die gewünschte Form aus Moosgummi ausschneiden.

❋ Das Moosgummi unter das Holz kleben.

Flaschenkorkenstempel

❋ Unter den Flaschenkorken unterschiedliche Dinge kleben: Einen Knopf, ein Geldstück, einen Baustein, den Boden einer Flaschendose ...

Nach ein paar Probedrucken können die Kinder dann aus den verschiedenen Druckmustern ein Bild gestalten. Wer kann zum Beispiel eine Landschaft entstehen lassen oder einen Baum? Vielleicht entsteht auch ein Tier oder ein Auto.

Material:

Kartoffeln,
Wasserfarbe,
Papier,
Holzklotz, Moosgummi,
Korken, Geld, Knöpfe

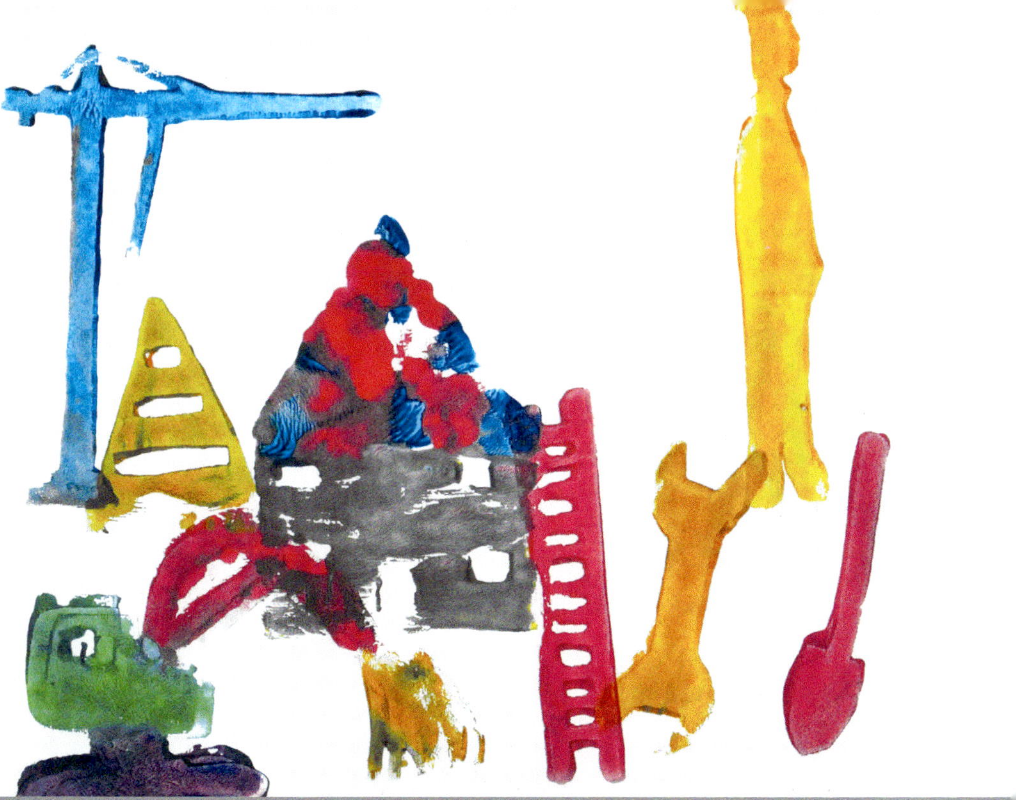

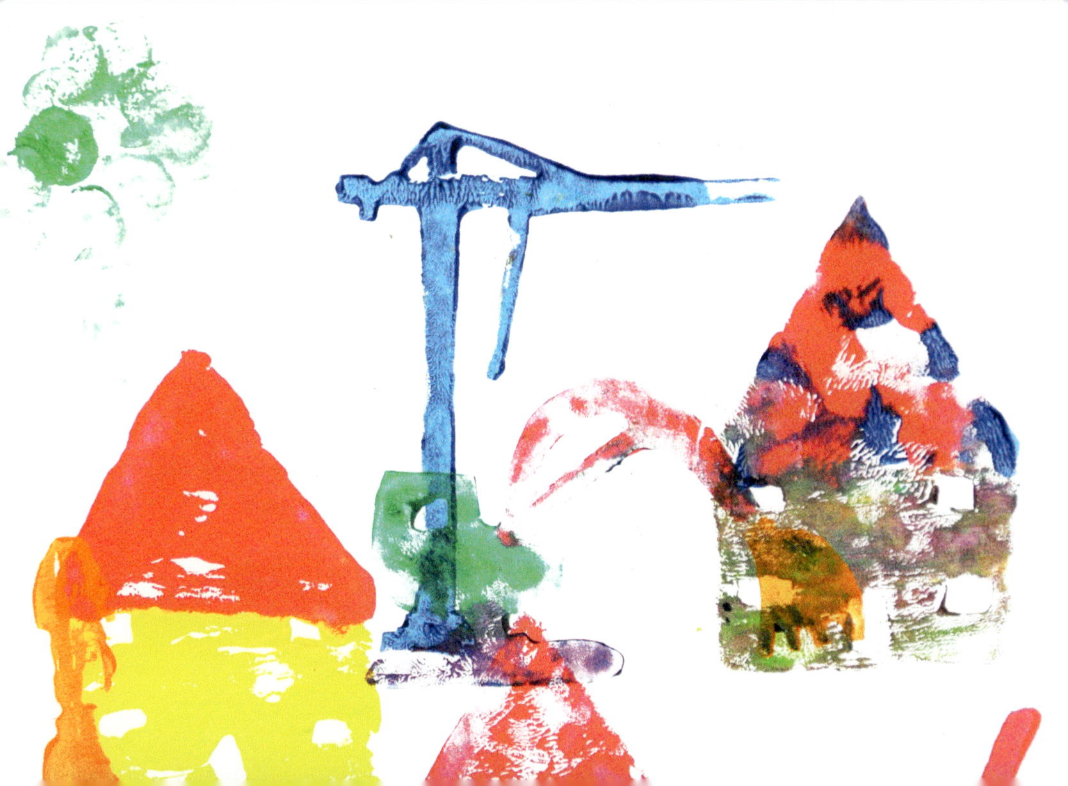

2. Bestimmte Techniken

Rate mal, was das ist! (Zahnbürstenspritztechnik)

Jetzt arbeiten die Kinder mit Umrissen und viel Farbe. Da es ziemlich spritzen kann, sollten sie dabei Malkittel tragen. Schützen Sie auch die Umgebung mit alten Zeitungen oder Folie.

- ❀ Verschiedene kleine Gegenstände auf dem Blatt anordnen.

- ❀ Reichlich Wasserfarbe auf die Zahnbürste geben, ähnlich wie bei einem Pinsel.

- ❀ Das Sieb über das Papier halten.

- ❀ Mit der Zahnbürste über das Sieb reiben.
  So spritzt die Farbe auf das Blatt.

Die Kinder können auch erst das Blatt in einer hellen Farbe ganz ohne Gegenstände gestalten. Anschließend arbeiten sie mit den Gegenständen und einer anderen, dunkleren Farbe.

Diese Bilder können zu Rätseln werden:
Welchen Gegenstand kannst du auf dem Bild erkennen?

Auf diese Art und Weise können die Kinder zum Beispiel Schachteln oder Mappen aus Pappe verschönern. Auch T-Shirts können sie auf diese Weise mit Stoffmalfarben gestalten – jedes Kind kann seinen Namen aufspritzen.
Wenn sie Stoffmalfarben verwenden, müssen sie die Kleidung und den Arbeitsbereich besonders gründlich abdecken, da sonst permanente Flecken entstehen.

Material:

Papier,
Wasserfarben,
Zahnbürste,
Sieb,
div. Gegenstände,
Malkittel

2. Bestimmte Techniken

Der Baum

Ganz egal zu welcher Jahreszeit – Bäume üben auf Kinder immer eine Faszination aus. Sammeln Sie mit den Kindern Blätter eines Baumes und benutzen sie diese, um einen neuen Baum entstehen zu lassen. Vom Frühling bis zum Herbstbeginn sind die Blätter noch sehr weich und sie können diese direkt verwenden. Danach werden die Blätter jedoch hart und brüchig und die Kinder müssen diese in Wasser einlegen und so wieder weich machen.

✿ Den Hintergrund des Bildes mit einem Schwamm und Wasserfarben gestalten.

✿ Den Stamm des Baumes entweder mit dicker Wasserfarbe aufmalen oder mit Wachsmalstiften. So sticht er ein wenig aus dem Bild heraus.

✿ Die gesammelten Blätter auf der einen Seite dick mit Wasserfarben bestreichen.

✿ Die Blätter mit der bestrichenen Seite nach unten, an den Baum, auf das Papier legen.

✿ Mit leichtem Druck über die Blätter streichen.

✿ Die Blätter vorsichtig wieder abheben.

Durch diese Art der Technik kommen die Adern und Strukturen des Blattes besonders gut zur Geltung. Die Kunstwerke müssen gut trocknen, bevor die Kinder sie aufhängen können, denn die dicke Farbe von den Blättern, kann schnell zerlaufen und so das Bild zerstören.

Material:

Blätter,
Papier,
Wasserfarben
und Wachsmalstifte

2. Bestimmte Techniken

Mathematik in der Kunst – Spiegeln und Symmetrie

Spiegelachse und Symmetrie sind zwei Begriffe, die viele von uns an ungeliebte Mathematikstunden erinnern. Diese Worte verlieren jedoch schnell ihren Schrecken, denn es gibt einfache Anwendungen, bei denen die Kinder diese Sachverhalte nebenbei verstehen lernen. Ganz einfach geht das beim Ausschneiden eines Herzens.

Ein Herz

- ❀ Ein Blatt Papier in der Mitte zusammenfalten.

- ❀ An der geknickten Kante einen Tropfen ausschneiden.
  So entsteht, wenn man es aufklappt, ein Herz.

Für die Kinder, die sich oft lange abmühen, um ein gleichmäßiges Herz zu gestalten, ist das eine verblüffend einfache Technik. Die beiden Seiten des Herzens sind symmetrisch und die Knickkante ist die Spiegelachse. Darüber können Sie mit den älteren Kindern sprechen, denn solche einfachen Beispiele prägen sich ein und können dann bei Bedarf wieder hervorgeholt werden.

Ein Schmetterling

- ❀ Eine Seite eines Blattes mit Wasserfarben bemalen.

- ❀ Das Blatt im noch feuchten Zustand in der Mitte zusammenklappen.

- ❀ Über das Bild streichen.

Beim Aufklappen entsteht der symmetrische Schmetterling. Auch hier entstehen Symmetrie und eine Spiegelachse. Sie können mit den Kindern noch andere Dinge suchen, die sie dann spiegeln können, zum Beispiel einen Baum, eine Blume, ein Gesicht und so weiter.

Material:

Papier, Schere, Wasserfarben

2. Bestimmte Techniken

Schwimmende Farben

Ein Bild immer wieder neu gestalten und immer wieder etwas daran verändern können, wie man es möchte, das wünschen sich viele Kinder. Mit ein bisschen Kleister geht das problemlos. Durch die Zugabe des Kleisters ist die Farbe zähflüssiger und trocknet viel langsamer.

* Wasserfarbe mit dickflüssigem Kleister vermischen.

* Das Gemisch auf ein Blatt auftragen.
  Es wirkt so, als würde die Farbe auf dem Blatt schwimmen.

* Mit vielen verschiedenen Gegenständen, wie zum Beispiel mit Verpackungschips, einer Gabel, Holzstückchen, Kämmen und so weiter, das Bild immer wieder vorsichtig verändern.

* Durch Drehbewegungen werden die Muster auf den Bildern ganz besonders schön.

* Wenn es dann gefällt, das Bild zum Trocknen zur Seite legen.

Material:

Papier,
Wasserfarbe,
Kleister,
verschiedene Gegenstände
(Gabel, Holzstückchen,
Kämme ...)

2. Bestimmte Techniken

Mischfarben

Kinder lieben bunte Farben und sie sind oft ganz enttäuscht, wenn ihnen nur wenige Farben zur Verfügung stehen. Die wenigsten wissen in diesem Alter, dass sie weitere Farben erhalten, wenn sie die Grundfarben mischen.

❁ Die Kinder bekommen jeweils zwei der Grundfarben:

(Rot/Gelb),   (Rot/Blau)   oder   (Blau/Gelb).

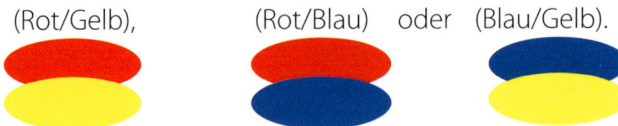

❁ Mit diesen Farben sollen sie ein Bild malen.

Zum Beispiel eine Sonne aus den Tönen Gelb und Rot,

eine Blüte aus den Tönen Blau und Rot

oder eine Meeresküste aus Blau und Gelb.

Die Kinder werden sehr überrascht sein, dass jeweils eine dritte Farbe auftaucht, an den Stellen, an denen sich die Farben miteinander mischen. Sie sollten mit den Kindern unbedingt ein Gespräch darüber führen, welche Töne sie miteinander mischen können. Erstellen Sie gemeinsam mit ihnen einen Farbkreis, so dass die Kinder die neuen Erkenntnisse immer wieder vor Augen haben können.

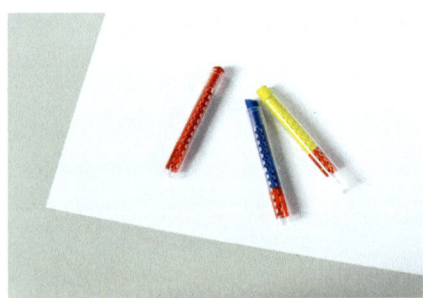

Material:
Papier,
Farben (Rot, Blau, Gelb)

2. Bestimmte Techniken

Klappschnitte

Ein zweifarbiges Bild entsteht hier aus zwei unterschiedlich farbigen Tonpapieren, einer Schere und Klebstoff. Dabei ist es sehr wichtig, dass keine noch so kleinen Papierschnipsel verloren gehen.

Das eine Blatt muss halb so groß sein, wie das andere.

❀ Aus dem kleineren Blatt ein einfaches Motiv herausschneiden.

❀ Die ausgeschnittene Form auf die eine Seite des großen Tonpapiers kleben.

❀ Auf die andere Seite den Rahmen kleben.

Hierbei wird das Bild gespiegelt. So sind die Konturen in beiden Farben einmal vorhanden.

Blumen und Pflanzen eignen sich hier gut als Motiv, aber auch Gebäude lassen sich auf diese Art und Weise besonders gut darstellen.

Aus Bildern dieser Art können die Kinder zum Beispiel Kalenderblätter herstellen. Aus Tonkarton und Transparentpapier werden schöne Laternen.

Material:

Tonpapier,
Schere,
Klebstoff

2. Bestimmte Techniken

Fensterbilder mit Tropfbatik

* Ein weißes Blatt mit einer hellen Farbe bemalen.

* Ganz vorsichtig an einigen Stellen weißes Wachs von einer Kerze auf das Blatt tropfen.

* Das Wachs trocknen lassen.

* Das Blatt in einem etwas dunkleren Farbton übermalen.

* Noch mal tropfen und malen.

* Diesen Vorgang beliebig oft wiederholen, bis keine wachsfreien Stellen mehr auf dem Blatt zu sehen sind.

* Das Blatt zwischen zwei Löschpapieren bügeln. Das Wachs löst sich und ein Bild in mehreren Farbtönen kommt zum Vorschein.

* Aus diesem bunten Bild Formen ausschneiden, wie zum Beispiel Fische.

* Oder mit schwarzem Tonpapier Formen auf das Blatt kleben.

Weil das Papier durch das Wachs durchscheinend geworden ist, sieht es am Fenster besonders schön aus.

Material:

Ein weißes Blatt Papier,
Wasserfarben,
eine weiße Kerze,
Löschpapier,
Bügeleisen,
Schere,
evtl. schwarzes Tonpapier,
Kleber

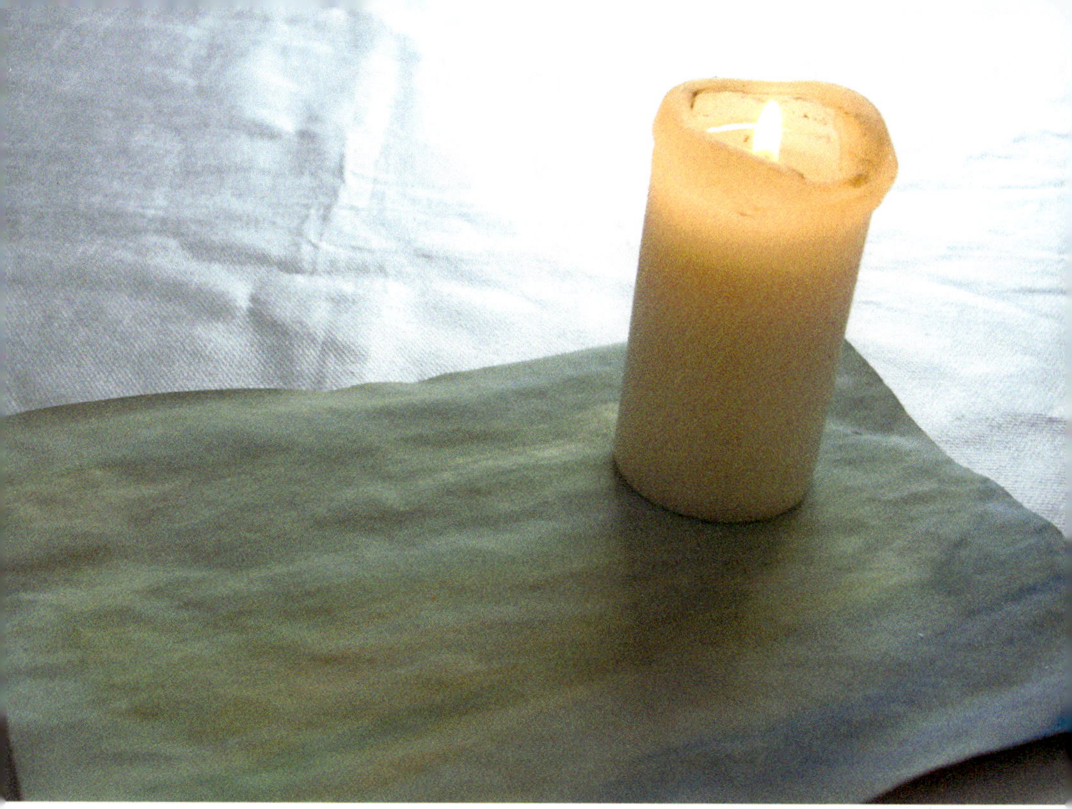

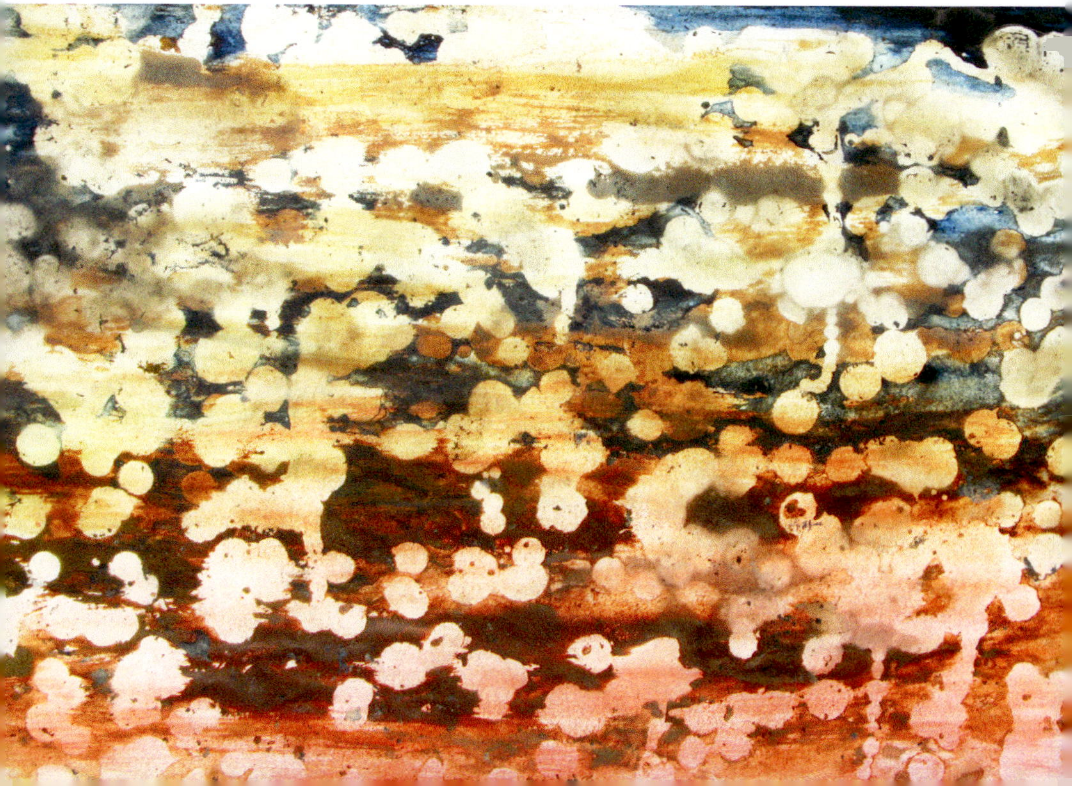

3. Phase
Wie die großen Künstler

3. Wie die großen Künstler

Von Künstlern lernen

Kinder ahmen gerne nach. Dabei kann es sich sowohl um Techniken, als auch um Motive handeln. Die meisten Künstler haben nicht einfach so gemalt, sondern sie haben sich Gedanken darüber gemacht, warum sie ein Bild auf eine bestimmte Weise entstehen lassen wollten. Diese Gedanken können Sie den Kindern mitteilen und sie daran teilhaben lassen.

Künstler lebendig werden lassen

Jeder Künstler hat nicht nur Kunstwerke geschaffen, sondern er hat in einer bestimmten Epoche gelebt. Dies spiegelt sich oftmals in seinen Bildern wider. Außerdem ist es für die Kinder interessant, mehr über die Künstler zu erfahren. Erzählen Sie ein wenig, so dass die Kinder sich eher in das hineinfinden können, was die Künstler geschaffen haben.

Nicht zu viel, nicht zu wenig

Jüngeren Kindern wird es langweilig, wenn sie sich wochenlang mit Projekten rund um einen Künstler beschäftigen sollen. Wenn sie nur ein Bild eines Künstlers isoliert betrachten, bekommen sie keinen Überblick über sein Gesamtwerk.

Darum kann es sinnvoll sein, sich einen Tag lang den Arbeiten eines Künstlers zuzuwenden und diese genauer zu betrachten. Schön ist es, wenn die Kinder dadurch neue Erkenntnisse gewinnen. Zum Beispiel warum Künstler ihre Arbeiten so und nicht anders ausgeführt haben und was es mit bestimmten Formen auf sich hat.

Etwas selbst begreifen

Kinder können Zusammenhänge viel besser verstehen und begreifen, wenn sie eigene Erfahrungen gemacht haben. Begreifen kann daher auch anfassen und hinterfragen bedeuten. Die Kinder dürfen die Techniken des Künstlers selbst ausprobieren. So werden seine Bilder für die Kinder lebendiger. Sie lernen dadurch die Welt mit anderen Augen zu sehen und sich auf Neues und Ungewohntes einzulassen.

Eigene Vorstellungen umsetzen

Hier gibt es kein Richtig und kein Falsch. Natürlich wäre es schön, wenn die Kinder nachvollziehen könnten, wie ein Künstler gearbeitet hat. – Wenn sie jedoch etwas anderes gestalten wollen, ist das auch in Ordnung. Vielleicht fällt den Kindern im Zusammenhang mit einem Künstler etwas ganz anderes ein und daraus entsteht eine neue eigene Idee. Hätten die Künstler, die wir heute bewundern, immer nur das gemalt, was man ihnen gesagt hat, dann wäre nie etwas Neues entstanden.

Bilder der Künstler

Auch wenn Sie nur Drucke der Künstler nutzen möchten, kosten diese zum Teil viel Geld. Eine günstige Alternative dazu sind Künstlerkalender, auf denen viele Werke abgebildet sind, die Sie den Kindern zeigen können. Kaufen Sie die Kalender im Januar, wenn sie bereits reduziert sind oder fragen Sie im Bekanntenkreis und bei den Eltern nach Seiten aus alten Kalendern, dann bekommen Sie schnell eine Anzahl an Motiven zusammen. Wenn Sie die Kalenderblätter laminieren, können Sie diese sehr oft verwenden.

Ausstellungen

Nachdem die Kinder die Künstler kennengelernt und ihnen nachgeeifert haben, sollten sie die Ergebnisse ausstellen. Das kann ruhig einige Tage später stattfinden. Manche der Kinderkunstwerke müssen schließlich erst trocknen, bevor sie ausgestellt werden können.

3. Wie die großen Künstler

Anregungen und eigene Ideen

Nutzen Sie die Ideen und Anregungen, die Sie in diesem Buch bekommen. Betrachten Sie diese Zusammenstellung jedoch nicht als Liste, die abgearbeitet werden muss. Genauso, wie die Kinder eigene Ideen einbringen können und etwas umgestalten dürfen, können auch Sie selbstverständlich ein ganz eigenes Vorgehen entwickeln. Die Liste der vorgestellten Aufgaben ist so lang, dass Sie nicht alles an einem Tag schaffen werden. Suchen Sie sich die Aktionen heraus, die Ihnen am besten gefallen.

Auswahl der Künstler

Die hier ausgewählten Künstler, sind besonders geeignet, um auf der Grundlage ihrer Arbeiten Projekte mit Kindern durchzuführen. Zu Beginn erhalten Sie zu jedem Künstler eine kleine Einführung, die nur für Sie gedacht ist. So können Sie die Kinder an passender Stelle über Hintergründe informieren und auf eventuelle Fragen eingehen.

Foto: Dieter Schütz/pixelio

Friedensreich Regentag Dunkelbunt Hundertwasser

Der Künstler, der vielen heute als Friedensreich Hundertwasser bekannt ist, wurde am 15. Dezember 1928 in Wien in Österreich geboren. Seine Eltern nannten ihn Friedrich und er trug damals den Nachnamen Stowasser.

Nachdem sein Vater kurz nach dem ersten Geburtstag seines Sohnes starb, zog die Mutter ihn allein auf. Friedrichs Mutter war Jüdin. Friedrich wurde aber katholisch getauft. Eingeschult wurde er auf einer privaten Montessorischule in Wien. Sein Kunstlehrer erkannte schon damals, dass er eine Begabung für Formen und Farben hatte.

Als Österreich unter den Nazis zu Deutschland gehörte, schickte seine Mutter ihn auf eine staatliche Schule, da sie vermutete, dass er dort weniger auffallen und seine jüdische Abstammung nicht bekannt werden würde.

Bei Kriegsende 1945 bemerkte er, wie die Frühlingsblumen anfingen zu sprießen und er deutete dies als einen Neuanfang.

Nach der Matura (so nennt man in Österreich die Abiturprüfung), begann er 1948 ein Kunststudium in Wien. Gleich zu Beginn dieses Studiums änderte er seinen Nachnamen in Hundertwasser um. „Sto" bedeutet in vielen Slawischen Sprachen 100, daher war es für ihn ganz natürlich, diesen Namen anzunehmen. Er behielt aber den Vornamen Friedrich. Allerdings brach er das Studium nach drei Monaten wieder ab, weil er lieber in der Welt herumreisen und dabei etwas lernen wollte. Er reiste zunächst durch den Süden Europas und den Norden Afrikas.

Er reiste viel durch die ganze Welt und lernte dabei Englisch, Französisch und Italienisch. Außerdem konnte er noch ein wenig Japanisch, Russisch, Tschechisch und Arabisch. Er hatte immer einen Malkasten dabei, so dass er seine Eindrücke jederzeit aufmalen konnte. In Wien stellte er 1952 zum ersten Mal aus.

Als er in Japan lebte, nutzte er die Schriftzeichen für „Frieden" und „reich" für seinen Namen und nannte sich fortan Friedensreich. Er reiste sein Leben lang sehr viel und war ein Querdenker.

Seine wichtigsten gestalterischen Elemente waren Spiralen. Er benutzte kräftige, leuchtende Farben, die er als dunkelbunt bezeichnete. Diese Farben kommen besonders an Regentagen vor, darum änderte er seinen Namen später in Friedensreich Regentag Dunkelbunt Hundertwasser.

Hundertwasser malte nicht nur, sondern er arbeitete auch als Architekt – sich selbst nannte er Hausretter. Er baute ein Schiff, das er Regentag nannte. Er entwarf Briefmarken, drehte zwei Filme und schuf eine Hundertwasserbibel. Hundertwasser lernte sein ganzes Leben lang und probierte immer wieder Neues aus.

Am 19. Februar 2000 starb Hundertwasser auf der Rückfahrt von Neuseeland auf dem Schiff Queen Mary 2 an Herzversagen.

Namen suchen

Friedensreich Hundertwasser änderte seinen Namen im Laufe seines Lebens mehrfach. Hundertwasser fand, dass der Name, den man trägt, zu einem passen muss und daher kann er sich im Laufe des Lebens immer wieder ändern. Wir kennen das von manchen Naturvölkern, wie zum Beispiel den Indianern. Hundertwasser wurde als Friedrich Stowasser geboren. Sto bedeutet in den slawischen Sprachen 100, darum hat er sich Friedrich Hundertwasser genannt. Da ihm der Frieden zwischen den Menschen ein wichtiges Anliegen war, änderte er seinen Vornamen Friedrich anschließend in Friedensreich. Später fügte er noch die Namen Regentag und Dunkelbunt hinzu. Er fand die beiden Namen passend, weil sie die Eigenschaften seiner Lieblingsfarben ausdrückten – kräftig und dunkel, also dunkelbunt, wie an einem Regentag.

So wie Hundertwasser sich einen neuen Namen ausgesucht hat, so dürfen sich die Kinder einen neuen Namen aussuchen. Sie geben sich Namen, die sie passend für sich finden. Darin dürfen sie ihre Lieblingsfarben, Tiere oder Hobbys unterbringen.

Laurelialausebär

Waldsucher

Grünlieber

Mandarinaduftgut

Katzentatze

Fußballsupermaria

3. Wie die großen Künstler

Spiralen finden

Hundertwasser behauptete, in der Natur gäbe es keine geraden Linien.

Hundertwasser vertrat die Ansicht, dass es in der Natur keine geraden Linien gibt. Wir Menschen gestalten unser Leben oft in einer geraden Linie, meistens sogar in rechtwinkeligen Kästen. Bei Hundertwasser gibt es das nicht.

Einzelne Kritiker versuchten Hundertwassers Theorie zu widerlegen und sie führten an, dass es schon gerade Linien gibt, zum Beispiel in einem Schneekristall unter einer Lupe betrachtet – Trotzdem muss man Hundertwasser zustimmen, dass die Mehrheit der Formen in der Natur alles andere als gerade und rechtwinklig sind. Bäume, Flussläufe, Landschaften und anderes sind, selbst wenn sie auf den ersten Blick gerade wirken, doch nicht wirklich gerade. – Wir Menschen begradigen es.

Die Lieblingsform Hundertwassers war die Spirale.

Sie findet sich in vielen seiner Werke wieder. Auch unser Körper weist ein paar Spiralen auf. Diese können die Kinder entdecken, die Ohrmuschel zum Beispiel. Und bei jedem Menschen einzigartig sind seine Fingerabdrücke. Genau diese wollen wir untersuchen.

Wir untersuchen unsere Fingerabdrücke.

Dazu brauchen wir eine Lupe, mit der die Kinder ihre Finger und die von anderen genauer betrachten können. Auffällig ist, dass nahe Verwandte (zum Beispiel Geschwister) oft ähnliche Muster haben, aber nie genau dasselbe.

3. Wie die großen Künstler

Die Muster in den Fingerabdrücken können die Kinder noch anders untersuchen. Das geht ganz einfach.

Fingerabdrücke stempeln, vergrößern und anmalen

- ❀ Die Finger auf das Stempelkissen drücken.

- ❀ Den Finger ganz schnell auf das Blatt Papier drücken.

- ❀ Die winzigen Fingerabdrücke dann mit der Lupe betrachten.

Variante

- ❀ Die Fingerabdrücke mit dem Kopierer vergrößern.

- ❀ Die vergrößerten Abdrücke in den Farben Hundertwassers dunkelbunt und golden anmalen.

- ❀ Oder die sich so ergebenden Spiralen abzeichnen und dann anmalen.

Wichtig ist dabei, dass die Spiralen ebenfalls unterschiedlich und uneben sind. Die Abstände zwischen den verschiedenen Linien dürfen dabei ruhig unterschiedlich groß werden. Das ist bei den Hundertwasserbildern auch der Fall.

Material:

Stempelkissen,
Papier,
Lupe,
Farben

3. Wie die großen Künstler

Hüte tragen

Hundertwasser war der Meinung, dass jeder Mensch einen Hut als Auszeichnung tragen sollte, wie ein König seine Krone.

Ein Hut kann jemanden schmücken oder verstecken. Er hilft dabei, jemanden größer wirken zu lassen oder unauffälliger. Ein Hut kann schützen oder einem helfen etwas Besonderes darzustellen.

Für diese Aktion benötigen Sie viele Hüte und Kopfbedeckungen. Am günstigsten können Sie solche um Karneval/Fasching herum kaufen. Stöbern Sie im Internet oder schauen Sie beim nächsten Flohmarkt. Vielleicht finden Sie auf diesem Weg einen Feuerwehrhelm oder eine Krone. Ineinander gestapelt können Sie die Hüte platzsparend für die nächste Aktion einlagern.

Stellen Sie den Kindern die Hüte zur Verfügung. Jeder darf sich drei Kopfbedeckungen aussuchen und diese tragen. Dazu brauchen sie einen großen Spiegel oder zwei, damit sich alle selbst anschauen können.

Bei dieser Modenschau dürfen natürlich unterschiedliche Kinder nacheinander ein und denselben Hut tragen, denn manche Modelle sind wesentlich begehrter als andere. Es ist schwierig zu entscheiden, wer welchen Hut tragen darf.

Schön ist es, wenn die Kinder noch etwas zu den Hüten erzählen. Wie fühlen sie sich damit? Zum Beispiel größer oder älter. Und warum haben sie genau diesen Hut ausgewählt? Um die Aktion nicht nur in Erinnerung zu behalten, sondern auch ein visuelles Andenken zu haben, ist es toll, wenn Sie die Kinder mit den drei verschiedenen Hüten fotografieren. Drucken Sie die Fotos aus und verteilen sie unter den Kindern.

Eine andere Möglichkeit ist, dass die Kinder Fotos von ihrem Kopf mitbringen. Legen Sie eine große Anzahl von ausgeschnittenen Hüten und anderen

Kopfbedeckungen aus Zeitungen oder Zeitschriften aus. Jedes Kind kann sich nun Kopfbedeckungen aussuchen und „anprobieren", bevor es sie festklebt. Vielleicht malen die Kinder auch noch passende Kleidung dazu.

Erklären Sie den Kindern auch, dass Hundertwasser von drei Häuten gesprochen hat, die jeder Mensch seiner Meinung nach hat. Da ist einmal die eigentliche Haut. Dann gibt es die zweite Haut, das ist die Kleidung, die jeder Mensch wählt. Schließlich die Wohnung als dritte Haut. Die letzten beiden Häute kann man selbst mit beeinflussen und immer wieder ändern.

93

3. Wie die großen Künstler

Ein Bild wächst wie eine Pflanze

Ein Bild ist nicht von Anfang an fertig, sagte Hundertwasser, noch nicht einmal in der Vorstellung. Ein Bild wachse wie eine Pflanze. Das bedeutet, dass beim Entstehen viele Einflüsse von außen eine Rolle spielen, so wie eine Pflanze den Umwelteinflüssen ausgesetzt ist. Wetter, Lichtverhältnisse und so weiter haben Einfluss auf das Wachstum. Bei einem Bild ist das ebenso. Stimmung, Licht, Jahreszeit und vieles andere haben Einfluss auf seine Entstehung.

Das Bild, das die Kinder nun malen (möglichst wieder in den Farben Hundertwassers – also Dunkelbunt mit Gold), sollte keine geraden Linien haben, sondern etwas Rundes und Fließendes enthalten.

❀ Von der Ecke oder der Mitte aus, runde, fließende Formen mit Bleistift vorzeichnen und mit schwarzem Fineliner nachziehen.

❀ Die Formen von dort aus immer weiterführen.

❀ Das Bild in den Hundertwasserfarben anmalen.

Material:

Papier,
Stifte,
Farben

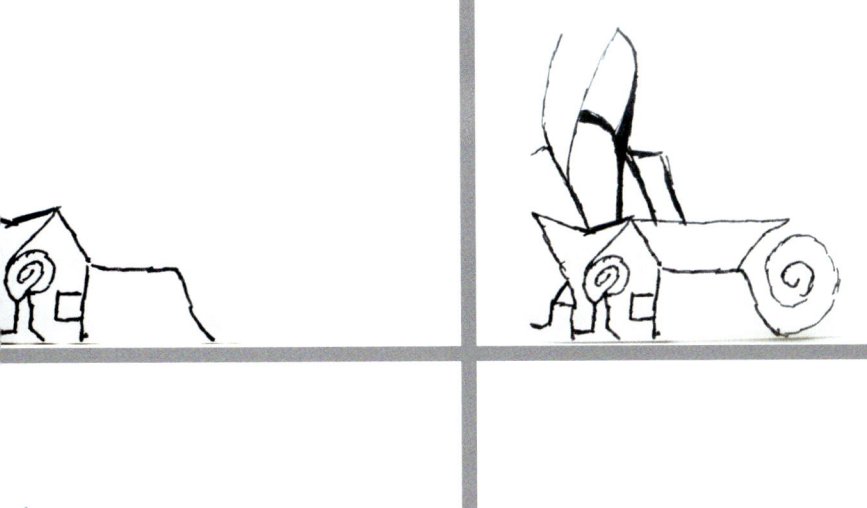

3. Wie die großen Künstler

Hundertwasserstempel

Jedes Bild ist einmalig. Wir können es nicht wirklich vervielfältigen. Allerdings können wir einen Stempel bauen, mit dem wir ein Bild oder zumindest Teile eines Bildes immer wieder herstellen können. Dabei sind die Kopien einander aber immer nur ähnlich. Denn ein Stempel zeigt zwar auf den ersten Blick ein und denselben Abdruck, doch bei genauerem Hinsehen fällt auf, dass sich selbst zwei Stempelabdrücke derselben Farbe selten gleichen. Unterschiedliche Farbdichte und unterschiedlich starker Druck auf den Stempel erzeugen unterschiedliche Formen. Auch wechselnde Drehrichtungen und verschiedene Farben können das Bild immer wieder anders aussehen lassen.

Ein Stempel in Form einer Spirale oder vielleicht in Form einer Welle, passt gut zum Thema Hundertwasser. Ein solcher Stempel ist schnell gebastelt.

Korkstempel

❀ Als Griff einen Flaschenkorken nehmen.

❀ Ein Muster aus Moosgummi ausschneiden.

❀ Das Moosgummi-Muster auf den Korken kleben.

Holzstempel

❀ Einen Holzklotz nehmen.

❀ Das ausgeschnittene Moosgummi darunter kleben.

Stempeln können die Kinder am besten mit Hilfe eines Stempelkissens. Oder sie tragen die Farbe mit einem Pinsel auf den Stempel auf. Sie können auch verschiedene Farben kombinieren oder die entstehenden Lücken ausmalen.

3. Wie die großen Künstler

Fensterrecht

Hundertwasser hatte einen revolutionären Vorschlag für die Umsetzung des Nutzungsrechts von Wohnungen. Er meinte nämlich, dass nicht nur der Wohnraum im Haus vom Nutzer gestaltet werden sollte, sondern er noch weit mehr Rechte, bzw. Pflichten gegenüber dem Haus hat, in dem er wohnt.

Nach Hundertwasser darf jeder Bewohner so viel seines Fensters gestalten, wie er von innen heraus ohne Stuhl und Leiter erreichen kann. Mit Blumen etwa oder mit etwas Gemaltem.

Das soll nun mit den Kindern nachempfunden werden.

❀ Ein Blatt vom Zeichenblock in einer Farbe anmalen.

❀ Auf dieses Blatt ein Fenster, zum Beispiel aus Alufolie, kleben.

❀ Das Fenster ummalen und verzieren.

❀ Die verschiedenen Fenster über und nebeneinander aufhängen.

❀ Ein Dach darüber hängen, so dass das ganze wie ein Haus wirkt.

Material:
Papier, Alufolie, Schere, Farben, Kleber

Teuerer, aber aussagekräftiger ist es, die Kinder auf eine gespannte Leinwand malen zu lassen.

Variante

Noch kunstvoller wirkt das Fenster mit kleinen Mosaiksteinchen. Dafür nehmen die Kinder am besten eine dünne Spanplatte und kleben darauf die Steinchen um das Fenster herum. Für normales Malpapier und selbst für die Leinwand sind diese zu schwer. Bei der Verarbeitung Handschuhe bereitlegen, damit die Kinder sich nicht an den scharfkantigen Scherben verletzen.

Material:
Holzbrett, Holzkleber, Pinsel, große und kleine Mosaiksteine, zerkleinerte Kacheln, Muggelsteine und Muscheln

3. Wie die großen Künstler

Fantasiereise „Mein Zimmer"

Suche dir einen bequemen Platz auf einem Stuhl oder auf einer Matte.

Mache dir zwei Häute. Fühle dich einmal in die Haut deines Körpers hinein. Du kannst sie anfassen. Das geht ohne große Bewegungen, wenn du die Finger deiner Hände aneinander reibst. Diese, deine eigene Haut wird von einer zweiten umgeben, die dich wärmt und schützt.

Überlege einmal ganz genau, was du heute trägst.

Wie sehen deine Strümpfe aus und wie fühlen sie sich an. Was ist mit deiner Hose oder trägst du einen Rock? Hast du ein T-Shirt an oder einen Pullover, ein Hemd oder eine Bluse? Fühl es einmal ganz genau.

Nun stell dir vor, wie dein Wunschzimmer aussehen könnte.

Ist es groß oder eher klein und gemütlich? Hat dein Zimmer kleine Fenster um daraus nach draußen zu schauen oder sind sie so groß, dass man bequem von draußen hereinschauen kann? Hast du Gardinen vor den Fenstern? Welche Farbe haben sie? Welche Farbe haben deine Wände? Wo steht dein Bett? Möchtest du lieber auf der Erde schlafen, in einem normalen Bett oder soll es ein Hochbett sein, unter dem du dann noch einen bequemen Platz zum Verstecken hast? Wie sieht dein Schrank aus und wo steht er? Was ist noch in deinem Zimmer – Tische – Regale – Stühle? Stell dir alles noch einmal ganz genau vor.

Fühle dich nun wieder in deine zweite Haut hinein.

Spüre mit deiner ersten Haut deine zweite, beginne mit den Füßen und arbeite dich dann langsam über deine Beine und deinen Bauch bis zu deinen Armen vor.

Atme noch einmal tief durch, fühle dich richtig hinein und öffne dann deine Augen wieder.

3. Wie die großen Künstler

Ein Zimmer im Karton

Für Hundertwasser ist das Wohnen die dritte Haut. Kinder können noch nicht viel mehr als einen Raum überblicken, darum bietet es sich an, mit ihnen ein Zimmer zu gestalten. Dazu benötigen sie eine Menge Material.

Ein Schuhkarton ist das Zimmer.

Stellen Sie die verschiedenen Wohnräume aus, bevor die Kinder sie mit nach Hause nehmen!

Material:

Schuhkarton,
Dosen, Becher,
Stoffreste,
Holzstücke,
Papier,
Knetmasse,
Garnröllchen,
Korken,
Filmdosen,
Flüssigkleber,
Holzleim

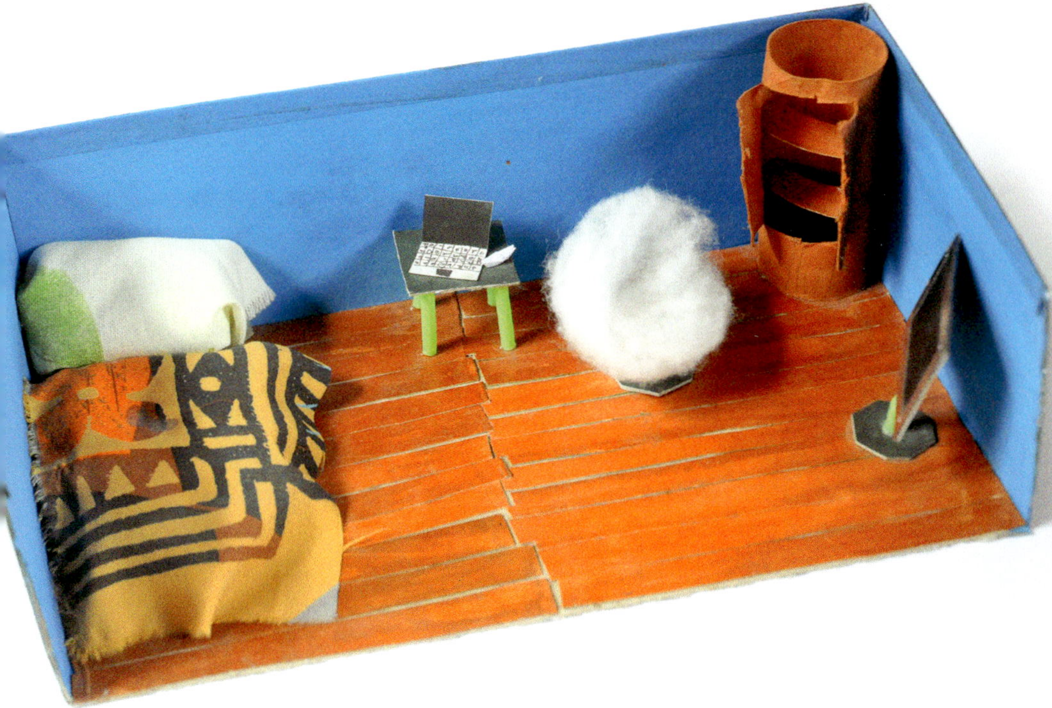

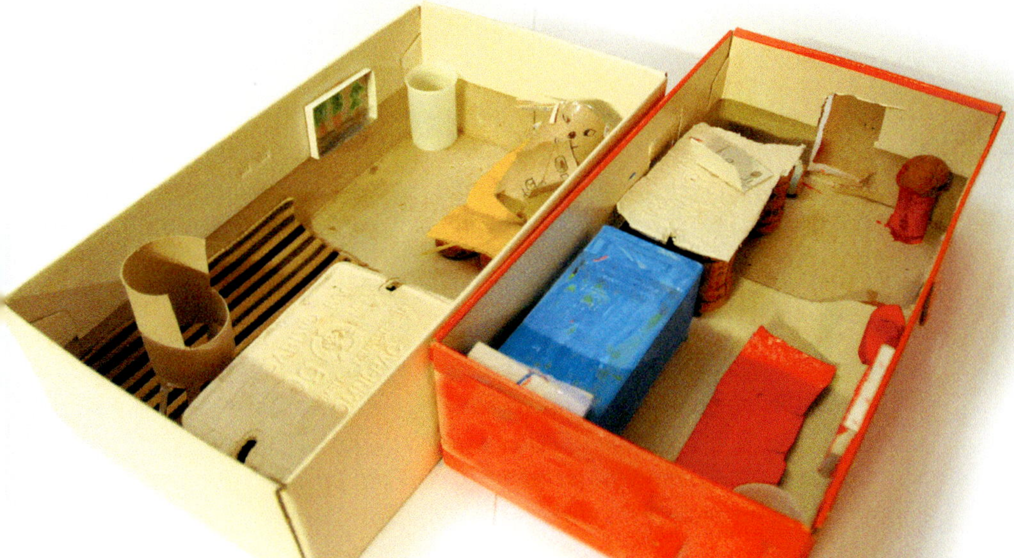

Franz Marc

Franz Marc wurde 1880 in München geboren. Sein Vater war Kunstmaler und unterrichtete an der Kunstakademie in München. Seine Mutter stammte aus dem Elsass und hatte in der Familie Marc als Erzieherin gearbeitet.

Franz Marc hatte als Kind schon immer viel und gern gezeichnet, wollte aber zunächst katholische Theologie studieren und eventuell Priester werden. Bevor er mit dem Studium anfangen konnte, musste er zum Militärdienst. Hier hatte er zum ersten Mal Kontakt mit Pferden, die später in vielen seiner Werke auftauchten. Als er den Dienst nach einem Jahr beendete, entschloss er sich, wie sein Vater, Maler zu werden und fing an der Kunstakademie in München an zu studieren.

Franz Marc reiste, nachdem er zweieinhalb Jahre studiert hatte, nach Frankreich. Dort fühlte er sich sehr wohl und genoss das Leben mehr als in München, wo ihm alles zu eingeengt vorkam. Nachdem er zurückkehrte, beschloss er das Studium zu beenden, denn er war enttäuscht von dem, was ihm an der Akademie beigebracht wurde.

Stattdessen richtete er sich ein eigenes Atelier ein, zog bei seinen Eltern aus und arbeitete als Künstler.

Zunächst schloss er sich einer Künstlervereinigung an, der „Neuen Künstlervereinigung" in München. Es gab jedoch einige Unstimmigkeiten zwischen den Mitgliedern, die diese gegründet hatten. Marc trat zusammen mit anderen wieder aus und gründete die Vereinigung „Der Blaue Reiter".

Marc verdiente nicht viel Geld mit seinen Bildern. Ein Fabrikant aus Berlin unterstützte ihn monatlich mit 200 Mark.

In seinen Bildern tauchten am Anfang sehr realistische Darstellungen von Tieren auf, die er allerdings in bunten Farben malte. Mit diesen Farben wollte er die Seele der Tiere darstellen. Später wurden die Bilder immer gegenstandsloser und bestanden zum Schluss nur noch aus Formen in leuchtenden Farben. Er malte Tiere, da er diese als ehrlicher empfand als Menschen.

Marc meldete sich im ersten Weltkrieg freiwillig zum Wehrdienst. Allerdings hatte er schon Ende Oktober des ersten Jahres große Zweifel am Sinn des Krieges, weil er sich mehr als Europäer fühlte, denn als Deutscher.

Am 4. März 1916 starb er in Frankreich als Soldat, durch eine Granate, während eines Erkundungsganges.

3. Wie die großen Künstler

Fantasiereise Regenbogen

Suche dir einen möglichst bequemen Platz und schließe die Augen. Fühle erst einmal richtig in dich hinein. In Gedanken stehst du nun auf und gehst nach draußen. Du läufst aus dem Haus heraus, auf eine Wiese zu. Es ist warm und die Sonnenstrahlen wärmen dich. Du ziehst deine Schuhe und Strümpfe aus und läufst über die Wiese. Das Gras ist noch nass und du spürst die Wassertropfen unter deinen Füßen, während du über die Wiese läufst.

Plötzlich bemerkst du etwas Warmes, Nasses auf deinem Körper. Warmer Sommerregen tropft auf dich herab. Es fühlt sich gut an. Du schüttelst dich und schaust zum Himmel. Da entdeckst du einen Regenbogen am Himmel. Er scheint ganz nah zu sein. Seine Farben sind deutlich zu erkennen.

Du merkst plötzlich, dass du nicht mehr allein bist. Um dich herum sind viele Pferde. Doch was ist das? Jedes Pferd hat eine andere Farbe. Sie leuchten in den Farben des Regenbogens. Eines ist blau, ein anderes rot und wieder ein anderes ist grün. Du entdeckst ein gelbes Pferd und eines in orange. Egal wohin du schaust, es sind immer mehr Pferde in immer mehr Farben. Keines sieht wie das andere aus. Sie haben keine Angst vor dir. Im Gegenteil, sie beachten dich gar nicht, sondern grasen friedlich auf der Wiese weiter.

Du setzt dich ins Gras und beobachtest die Tiere weiter, wie sie in ihren leuchtenden Farben in der Sonne schimmern.

Nach einiger Zeit stehst du auf und gehst zurück. Am Rand der Wiese drehst du dich um und schaust dir die Pferde noch einmal an. Sie grasen jetzt weiter hinten und sind hinter den Hügeln zu erkennen.

Dann ziehst du deine Schuhe und Strümpfe wieder an. Du läufst über die Straße und zurück in das Gebäude. Dort setzt du dich wieder auf deinen Platz.

Stelle dir noch einmal die Pferde vor, so wie du sie zuletzt auf den Hügeln gesehen hast. Denke an die Farben des Regenbogens.

Jetzt öffnest du langsam die Augen, streckst dich noch einmal und atmest tief durch.

3. Wie die großen Künstler

Die bunten Pferde

Es bietet sich nun an, Bilder mit den Kindern zu malen, welche die bunten Pferde darstellen. Dazu gibt es viele Möglichkeiten.

Hier finden Sie zwei Varianten.

Bei der ersten, malen die Kinder die Bilder komplett selbst.

Die zweite Möglichkeit ist es, nur den Hintergrund zu gestalten und die Pferde aus einer Vorlage auszuschneiden und aufzukleben.

Komplettes Bild

Marc hat die Formen farblich voneinander abgegrenzt. Dazu ist eine ganz feine Umrisszeichnung notwendig.

* Alle Pferde zunächst vorzeichnen.

* Hügel und Pflanzen einzeichnen.

* Die vorgezeichneten Formen und Figuren anmalen.

Mit Ausnahme der Tiere, haben alle Dinge ihre realistischen Farben.

Vorgemalte Pferde

Manche Kinder malen gerne mit Vorlagen, dafür bietet sich diese Variante an. Sie können dafür von einer Künstlerpostkarte ein Pferd von Franz Marc abpausen, am Kopierer vergrößern und vervielfältigen.

* Die Hügel vorzeichnen und anmalen.
  Dazu verschiedene Grün- und Brauntöne nutzen.

* Den Himmel in unterschiedlichen Blautönen gestalten.

* Die Pferde von der Vorlage in unterschiedlichen Tönen einer Farbe anmalen.

* Die Pferde ausschneiden und mitten auf das Blatt kleben.

3. Wie die großen Künstler

Mein Kuscheltier

Franz Marc waren die Tiere lieber als die Menschen, da sie seiner Meinung nach ehrlicher sind. Viele Kinder besitzen Kuscheltiere. Sie sind Tröster, Einschlafhilfe und Zuhörer. Die Kuscheltiere haben immer Zeit. Sie sind immer da, wenn die Kinder sie brauchen. Manche Kuscheltiere sehen schon etwas mitgenommen aus, es fehlt das ein oder andere Stückchen oder sie haben irgendwo ein Loch.

Jetzt können die Kinder, wenn sie möchten, ihr Kuscheltier mit Wasserfarben nachmalen.

Dabei geht es nicht darum, die Tiere in realistischen Farben zu malen.

Die Kinder nehmen dafür eine Farbe, die ihnen besonders gut gefällt, oder die besonders gut zu ihrem Tier passt.

Sie können die Kinder fragen, warum sie welche Farbe genommen haben, ob das ihre Lieblingsfarbe ist, oder ob das Tier rot ist, weil ihm vielleicht warm ist.

Material:

Papier, Wasserfarben

3. Wie die großen Künstler

Kämpfende Formen

Kurz vor dem Ausbruch des ersten Weltkrieges malte Franz Marc vier Bilder, die er „kämpfende Formen" nannte. Anders als bei den früheren Bildern sind hier keine realistischen Figuren zu finden, sondern die Farben sind ineinander verworren und zerrissen.

Auch dies können die Kinder nachempfinden. Dazu benötigen Sie eine Pappe, zum Beispiel die Rückseite eines Zeichenblocks, Kleister und Wasserfarben.

❀ Die Farbe mit wenig Wasser anrühren. Richtig gut ist sie dann, wenn sie beim Umrühren mit dem Pinsel Blasen wirft. Noch besser funktioniert es mit dickflüssiger Farbe.

❀ Die Pappe dünn mit Kleister einstreichen.

❀ Die Farbe so auftragen, dass sie auf dem Kleister schwimmt.

❀ Mit beiden Händen die Farben auf dem Kleister verstreichen und miteinander mischen. Achtung, die Farben sollen sich auf dem Kleister nur schwimmend bewegen und dürfen sich nicht hineindrücken.

Die Kinder sollten darauf achten, dass sie die Farben vorsichtig miteinander mischen. Mischen sie zu viel, dann wird eine graue undefinierbare Farbmasse daraus.

Die Farben sollen vor allem bunt bleiben und jede sollte für sich leuchten.

Durch das Malen mit den Händen, nehmen die Kinder das, was sie tun, viel bewusster wahr.

So können sie die Kämpfe der Farben besser wahrnehmen und nachvollziehen.

Material:

Pappe, z.B. die Rückseite eines Zeichenblocks, Kleister, Wasserfarben oder dickflüssige Farbe, z.B. Plakatfarbe

Puzzle

Franz Marc hat die Figuren von ihren eigentlichen Körpern gelöst und in geometrischen Formen verzerrt dargestellt. Diese Form der Darstellung nennt man Kubismus. Das kommt von dem Wort Kubus = Würfel.

Die Tiere verstecken sich innerhalb der geometrischen, eckigen Formen, die farblich den Tieren angeglichen sind. Dadurch sind sie oft erst auf den zweiten oder dritten Blick zu erkennen.

Ein solches Puzzle können die Kinder selber leicht herstellen.

❀ Ein Foto mit einem Tier aus einer Zeitschrift auswählen oder eine Tierpostkarte verwenden.

❀ Das Tier ohne Hintergrund ausschneiden.

❀ Den Körper mit geraden Schnitten durchtrennen.

❀ Die Körperteile kreuz und quer auf ein Blatt Papier kleben.

❀ Die Schnittlinien der Tiere als Linien fortsetzen.

❀ Die so entstandenen Kästchen in ähnlichen Farben anmalen.

Variante

Die gesamte Postkarte mit geraden Schnitten durchtrennen, so entstehen nur gerade Schnittkanten, es ist dann einfacher die Linien fortzuführen.

So entsteht ein Puzzle, in dem man das Tier erst auf den zweiten Blick erkennen kann.

Material:

Papier, Tierbild oder Tierpostkarte, Schere, Kleber, Farbe

Plastisches Gestalten

Die Kinder können die Tiere nicht nur malen und zeichnen, sondern auch plastisch gestalten. Knetmasse eignet sich besonders gut dazu, Tiere in vielen bunten Farben zu formen.

Es macht den Kindern großen Spaß, die Knetmasse selbst herzustellen, bevor sie die Tiere daraus formen. Es ist preisgünstiger das Material selbst herzustellen, als es zu kaufen. Alternativ zu Knetmasse können die Kinder auch Salzteig verwenden, den sie ebenfalls mit Lebensmittelfarbe einfärben oder nach dem Trocknen bemalen können.

Knetmasse

* 1/2 Tasse Mehl, 1/2 Tasse Salz und 1 Esslöffel Zitronensäure miteinander verrühren.

* 1 1/2 Tassen Wasser, 1 Esslöffel Öl, einige Tropfen Lebensmittelfarbe vermischen und erhitzen.

* Die Wasser/Öl/Farbe-Mischung zu der Salz-Mehl-Mischung geben.

* Das Ganze vorsichtig umrühren, immer weiter vermengen.

* Die Masse etwas abkühlen lassen.

* Langsam mit den Händen kneten.

* Ist die Masse zu weich, esslöffelweise Mehl hinzufügen.

* Wird es zu bröckelig, teelöffelweise Wasser ergänzen.

* Danach können die Kinder die Knete verwenden.

Wird sie nicht gebraucht, dann ist sie am besten in luftdichten Dosen aufgehoben. Fertige Objekte trocknen einfach an der Luft.

Material:

Mehl, Salz, Öl, Zitronensäure, Lebensmittelfarbe, Schüssel, Löffel

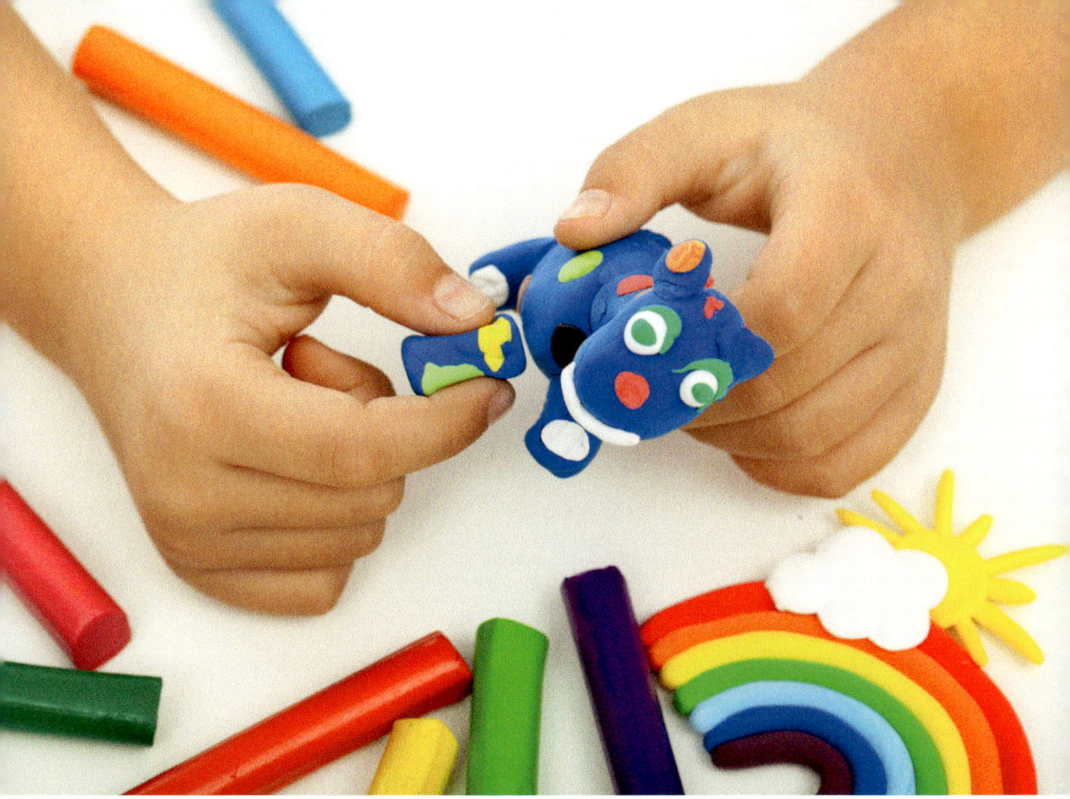

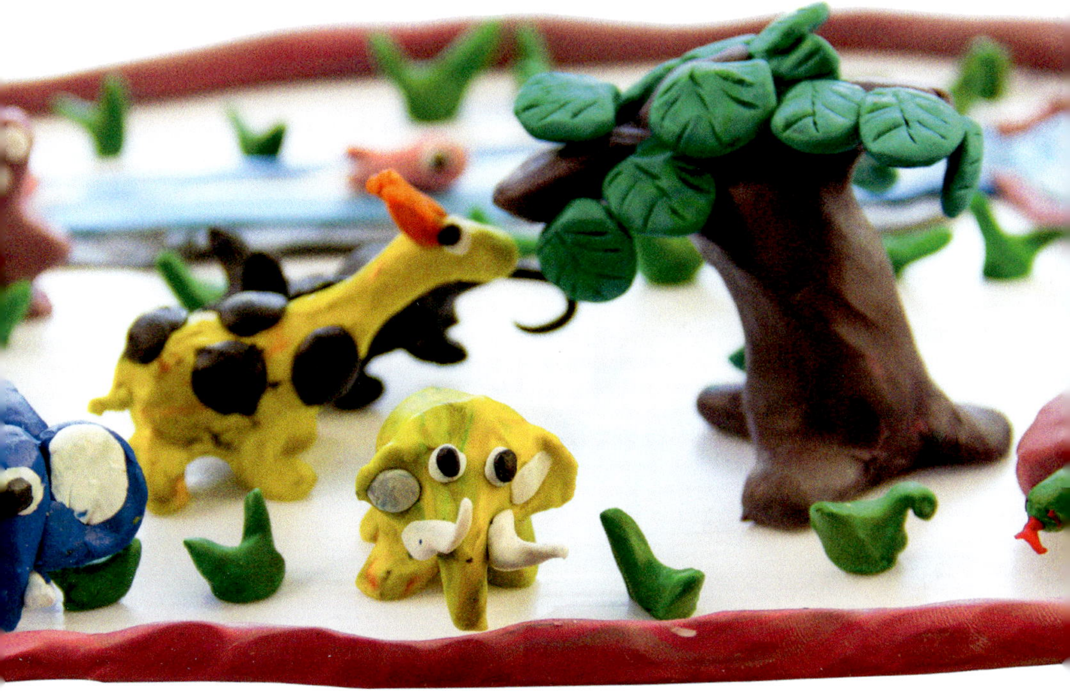

3. Wie die großen Künstler

Salzteig aus Maismehl (lufttrocknend)

● Wir brauchen: 1 Tasse Maisstärke, 1 Tasse Salz, 1 1/3 Tassen Wasser.

● Das Salz und die Hälfte des Wassers aufkochen.

● Das restliche Wasser mit dem Maismehl glatt rühren.

● Beides vorsichtig vermischen.

● Dann den Teig gleich verarbeiten.

● Dieser Teig trocknet einfach an der Luft.

Weder der Salzteig aus Maismehl noch die Knetmasse dürfen zum Trocknen in den Backofen. Der Knetgummi zerläuft und dieser Salzteig reagiert ein bisschen wie Popcorn.

Ein eher klassisches Rezept für den Salzteig finden Sie auf Seite 56 im Buch.

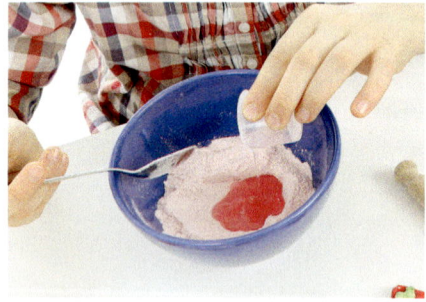

Material:

Maisstärke,
Salz,
Wasser,
Topf,
Löffel

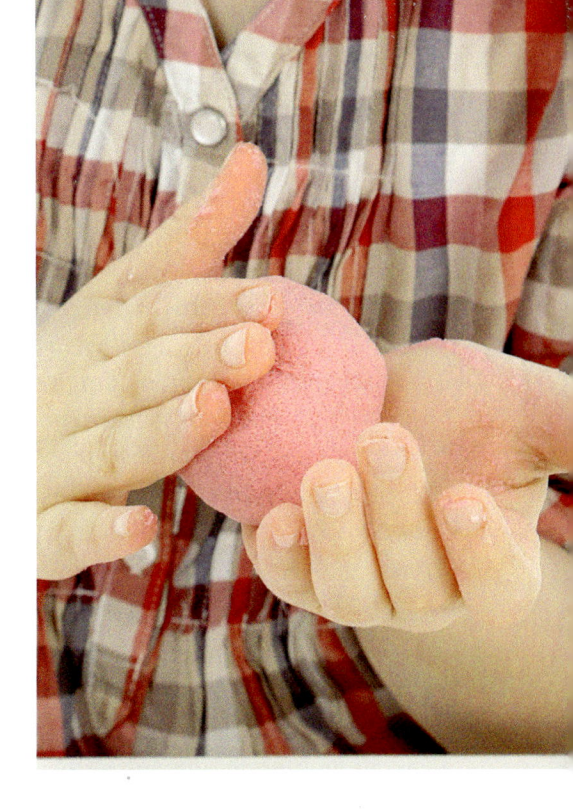

3. Wie die großen Künstler

Reisen

Franz Marc reiste gern. In der Zeit, in der er lebte, waren weite Reisen noch nicht üblich und sehr beschwerlich. Die Menschen waren einfach nicht so mobil. Er fühlte sich schon damals nicht als Bayer oder als Deutscher, sondern als Europäer. Auch das war sehr ungewöhnlich. Kurz nachdem er in den Krieg gezogen war, hatte er diesem gegenüber sehr zwiespältige Gefühle und schrieb bereits im Oktober 1914 an einen Freund den folgenden Satz: „In solchen Zeiten wird jeder, er mag wollen oder nicht, in seine Nation zurückgerissen. Ich kämpfe in mir sehr dagegen an; das gute Europäertum liegt meinem Herzen näher als das Deutschtum."

Lassen Sie die Kinder berichten, welche Teile Europas sie kennen, aus welchen Teilen sie oder ihre Eltern stammen und wo sie bereits gewesen sind. Hängen Sie eine große Karte auf und stellen Sie ein paar besondere Merkmale der Länder (in Worten oder mit Fotos) heraus. Das kann in Italien die Pizza sein, ein großes Eis oder das Kolosseum in Rom. Die Türkei lockt mit ihren schönen Stränden, dem guten Essen oder mit der Gastfreundlichkeit der Menschen. Schweden, das Land der 1.000 Seen, kann mit Knäckebrot oder einem Elch gezeigt werden. Lassen Sie die Kinder berichten, was sie in den einzelnen Ländern gelernt haben – so wie Franz Marc die Freiheit in Frankreich besonders schätzte, die er in München nicht hatte.

Es bietet sich an, das Spiel: „Ich packe meinen Koffer" ein wenig anders zu spielen: „Ich fahre nach Griechenland und tanze Sirtaki" oder „Ich fahre in die Schweiz und klettere auf hohe Berge" oder „Ich fahre nach Schweden und genieße die hellen Nächte!" Die Sätze werden wie beim ursprünglichen Spiel immer weiter wiederholt, so dass eine Europareise entsteht, die kreuz und quer über den Kontinent führt.

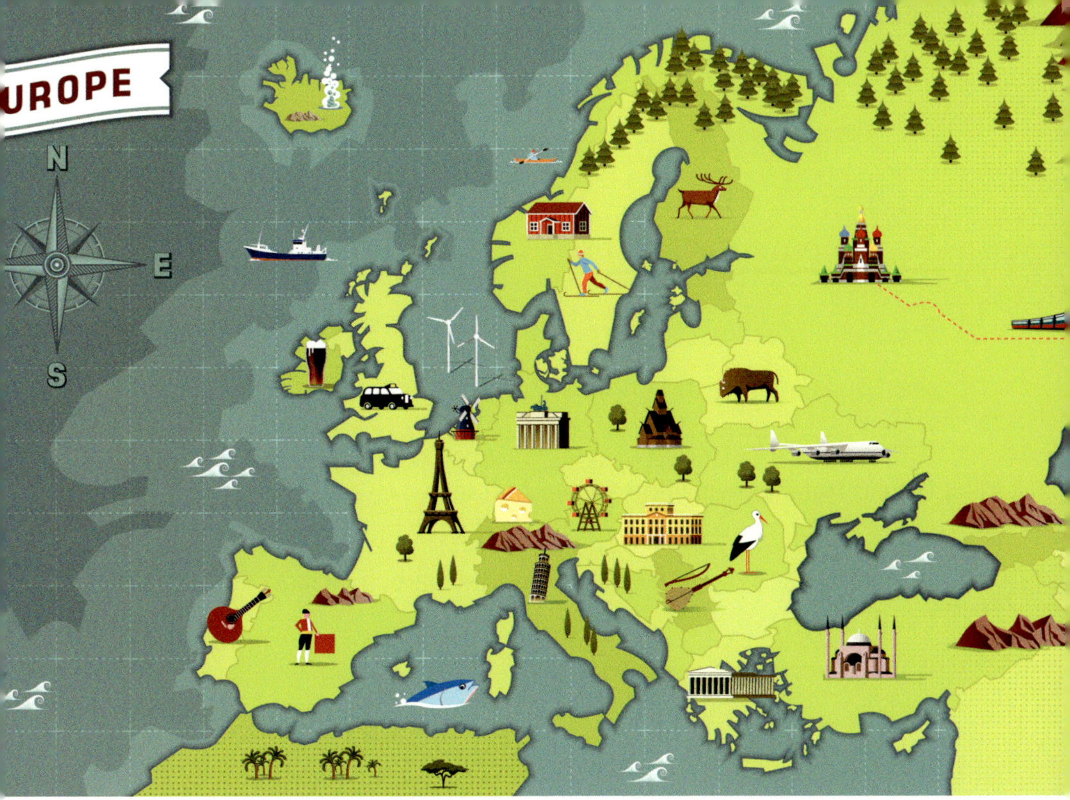
UROPE
N
E
S

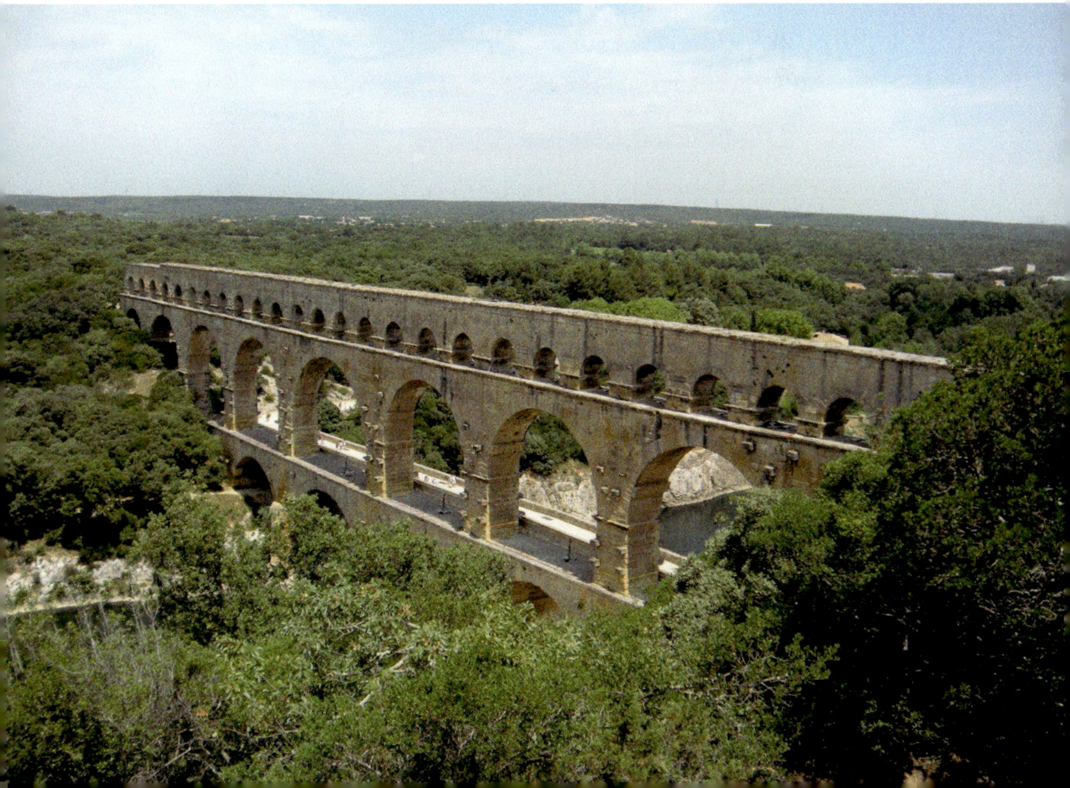

3. Wie die großen Künstler

Komplementärfarben

Franz Marc beschrieb die Farben so:

„Blau ist das männliche Prinzip, herb und geistig.

Gelb das weibliche Prinzip, sanft, heiter und sinnlich.

Rot die Materie, brutal und schwer und stets die Farbe, die von den anderen beiden bekämpft und überwunden werden muss!"

Aus diesen Grundfarben stellt er die Mischfarben Orange, Violett und Grün her.

Franz Marc war der Ansicht, dass die Farben, um perfekt zu sein, ihre Komplementärfarben benötigen. Seine Aussagen über die Farben bieten eine gute Möglichkeit den Farbkreis einzuführen.

Anschließend malen die Kinder ihr eigenes Bild in Komplementärfarben.

❀ Ein einfarbiges Tier oder eine einfarbige Figur malen.

❀ Den Hintergrund in der Komplementärfarbe malen.

❀ Grün/Rot, Gelb/Violett, oder Blau/Orange.

Die so gestalteten Tiere oder Figuren werden aus dem Bild herausleuchten.

Material:

Papier,
Wasserfarben,
Buntstifte
oder Wachsmalstifte

Wirkung von Farben

Franz Marc sprach den Farben, wie schon erwähnt, Eigenschaften zu und bezeichnete zum Beispiel das Blau als männlich und Gelb als weiblich und heiter. Das Rot beschrieb er als kämpferisch.

Die Kinder sollen dies nachempfinden:

❀ Bilder mit unterschiedlichen Stiften in nur einem Farbton malen.

Variante

❀ Aus Katalogen entweder blaue, rote oder gelbe Schnipsel ausreißen.

❀ Diese auf ein Blatt Papier kleben und so ein Bild gestalten.

Die Bilder anschließend nach Farben sortieren und aufhängen.

Die Kinder können dann erzählen, was für Empfindungen sie haben, wenn sie die Bilder betrachten.

Material:

Ein weißes Blatt Papier,
Schnipsel aus Katalogen und Zeitschriften,
Kleber, Farben

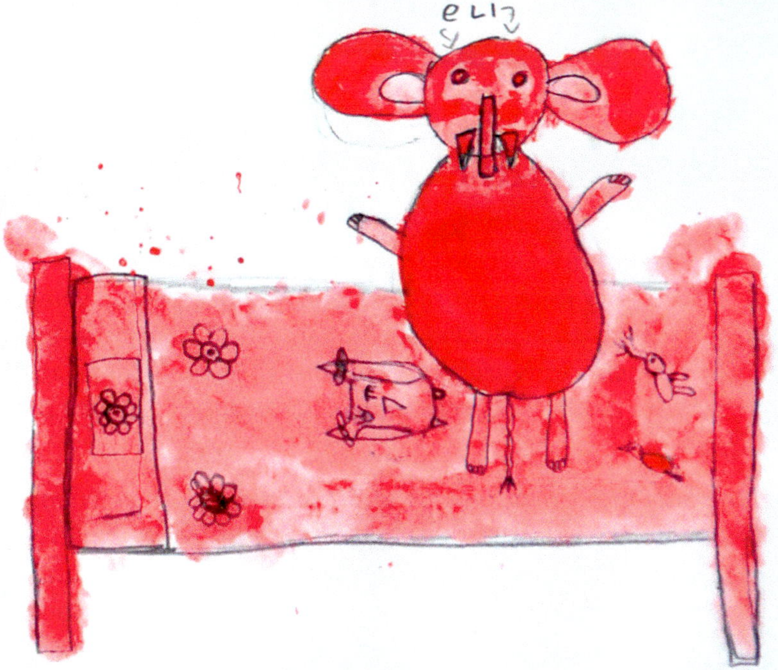

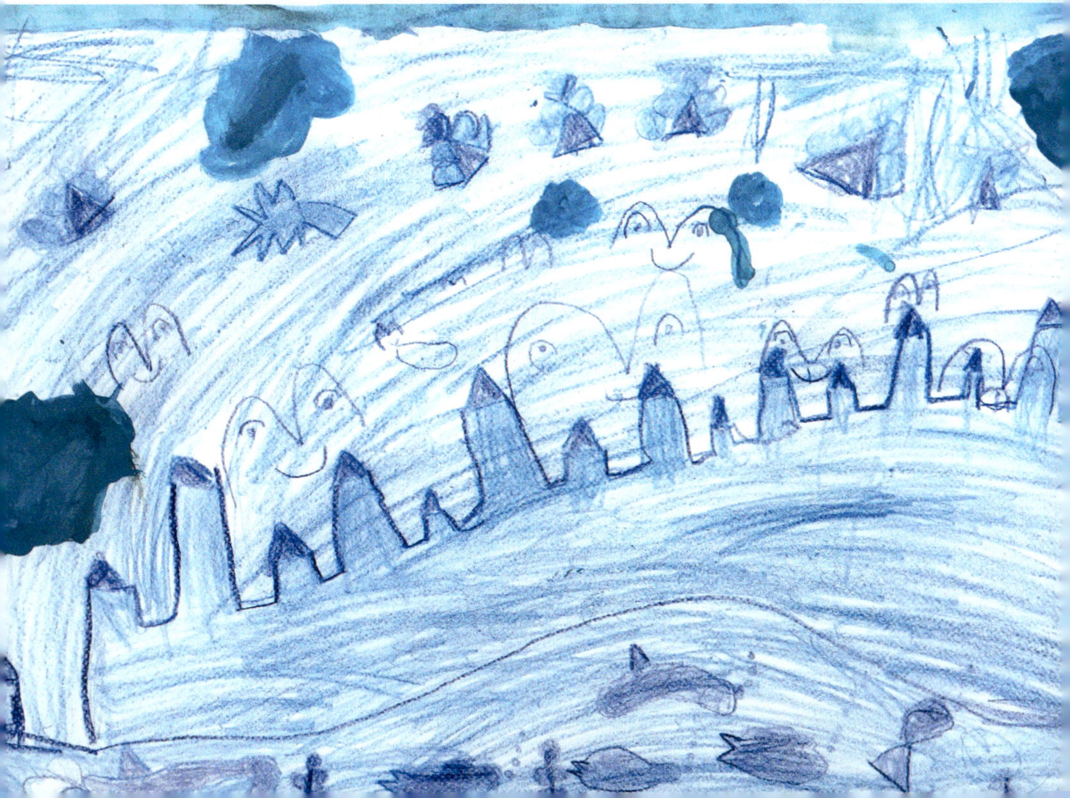

Piet Mondrian

Piet Mondrian, wurde am 7. März 1872 in Amersfoort in Holland geboren. Sein eigentlicher Name war Pieter Cornelis Mondriaan. Durch seinen Vater und seinen Onkel lernte er bereits als Kind das Malen. In der Schule war es ihm oft langweilig und er malte statt zuzuhören. So war es nur logisch, dass er im Alter von 20 Jahren den Beruf des Malers ergriff. Er begann ein Studium an der Kunstakademie in Amsterdam.

Er lebte zunächst überwiegend in Holland und in Spanien. Besonders interessiert war er an den Impressionisten und ihren Maltechniken. Die Impressionisten malten ihre Wahrnehmungen. Dabei waren besonders Landschaften unter Berücksichtigung der besonderen Lichtverhältnisse zu verschiedenen Tageszeiten wichtig. Die unterschiedlichen Lichtverhältnisse konnten sie durch winzige Pinselstriche darstellen, die diese besser widerspiegelten als es bei flächiger Malerei der Fall war. Aus dieser Zeit stammen einige Landschaftsbilder Mondrians.

Ein paar Jahre später begann er seinen eigenen Stil zu kreieren und wandte sich dem Pointillismus zu. Hier wurde die Malerei nicht in Strichen ausgeführt, sondern ein Kunstwerk aus Punkten geschaffen (point = Punkt, französisch).

Mondrian zog 1912 nach Paris und wurde dort vom Kubismus (abgeleitet vom französischen Wort cube = Würfel) beeinflusst und begann damit geometrische Flächen zu entwickeln. Zunächst malte er noch erkennbare Formen mit verschiedenen in sich zerlaufenden Farben, später wurden diese immer abstrakter bis hin zu eindimensionalen Malereien, die nur noch aus ganz wenigen Farben bestanden.

Mondrian schuf schwarze Gitterlinien, mit einzelnen bunten Farbflächen. Man bezeichnet diese Bilder als die Werke seiner tragischen Periode, die er malte, während in Deutschland die Nazis an die Macht kamen, Europa vereinnahmten und in den Krieg führten.

1938 verließ Mondrian Paris aus politischen Gründen und ging zunächst nach England. Von dort aus siedelte er nach New York über. Er blieb bei seinen rechteckigen Linien, gab ihnen jedoch mehr Farbe und damit wieder mehr Leben und Lebhaftigkeit. Das wird in seinem Werk Broadway Boogie Woogie von 1942 besonders deutlich. Hier verwendet er kein Schwarz mehr, sondern gelbe Linien, die er mit blauen, weißen und roten Punkten unterbricht. Zwischen den Linien finden sich bunte Felder.

Seine späten Werke enden nicht am Rand des Bildes. Im Gegenteil, man hat den Eindruck nur einen Ausschnitt des Ganzen zu sehen. Das erreicht er dadurch, dass er direkt bis an den Rand malt.

Mondrian hat in seiner Zeit als Maler verschiedenste Stilrichtungen geprägt und ausgearbeitet, von impressionistischen Landschaftsbildern bis hin zu geometrisch-abstrakten Werken.

Am 1.Februar 1944 starb Piet Mondrian in New York.

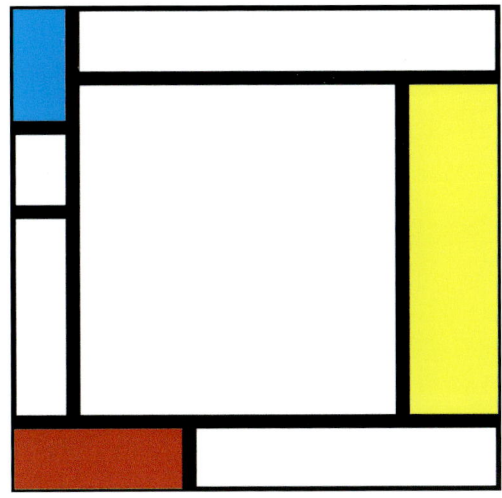

3. Wie die großen Künstler

Kritzeleien

Normalerweise wird es gar nicht gern gesehen, wenn Kinder Heftränder, Löschblätter, Taschentücher oder die eigenen Hände bemalen. Es lenkt sie von dem ab, was sie eigentlich machen sollten. Aber viele Menschen kritzeln beim Telefonieren oder in langweiligen Schulstunden. Heute dürfen die Kinder das. Schließlich hat Piet Mondrian das früher auch getan, als er noch zur Schule ging.

- ❀ Für die Kritzeleien eignen sich Taschentücher, kleine Zettel und die Rückseiten von nicht mehr benötigten Blättern.

- ❀ Linien ziehen und einfach drauflos kritzeln.

- ❀ Als Stifte eigenen sich Bleistifte und Kugelschreiber.

- ❀ Farben sehen nicht so gut auf Kritzeleien aus.

- ❀ Es darf gekritzelt, gestrichelt, gepunktet werden, ganz so wie die kleinen Künstler das möchten.

Toll sieht es aus, wenn jeder etwas anderes kritzelt und dies auf unterschiedlichen Materialien geschieht. Daraus können Sie eine tolle Ausstellung machen.

Die Kritzeleien auf eine Tapete oder ein großes Blatt Papier kleben und aufhängen.

Material:

Ein großes Blatt Papier,
viele Taschentücher,
kleine Zettel,
Blätter,
Bleistift,
Kuli

3. Wie die großen Künstler

Namen abkürzen

Piet Mondrian hieß eigentlich Pieter Cornelis Mondriaan. Viele Kinder haben einen ziemlich langen Namen oder, wie Mondrian, sogar einen Doppelnamen. Gerufen werden sie trotzdem mit einer Abkürzung oder vielleicht mit einem Spitznamen.

Die Kinder können nun versuchen ihren Namen abzukürzen oder zu verändern, sodass er einfacher und einprägsamer ist.

Die Kinder können sich einander dann noch vorstellen, etwa so: „Mein Name ist Ben - Ben Kurz".

Pie~~ter Cornelis~~ Mondria~~a~~n

Klaus-Peter   Klaus

Ann-Marie-Sophie   Anni

Anna Katharina   Kati

Bernhard-Otto   Bono

Marie Luise   Lulu

Ein Baum

Piet Mondrian malte zu Beginn seines Schaffens Landschaftsbilder. Darunter Bilder von Bäumen, die in seiner niederländischen Heimat durch die rauen Winde der Nordsee, besonders knorrig und vom Wind gezeichnet waren.

Einen solchen Baum können die Kinder zunächst aus Stöcken als Vorlage legen.

- ✿ Größere und kleinere Stöckchen sammeln.
- ✿ Daraus einen Baum legen.

Genau so einen Baum sollen die Kinder nun zeichnen:

- ❀ Den Hintergrund in verschiedenen Blautönen gestalten.

- ❀ Dazu einen feuchten Lappen in Wasserfarbe tauchen.

- ❀ Mit dem Lappen gleichmäßig über das Blatt streichen.
  Die Blautöne verwischen und vermischen sich miteinander.

- ❀ Mit einem Bleistift die Umrisse des Baumstammes und der dickeren Äste zeichnen.

Kleinere Äste können in alle Richtungen abstehen, gerade so, wie der Wind sie geweht hat. Wichtig ist, dass die Äste nach außen immer dünner werden.

Betrachten Sie die Bilder mit den Kindern bei unterschiedlichen Lichtverhältnissen. Je nachdem, wie das Licht einfällt, verändern sich die Zeichnungen. Bleistift wirkt bei hellem Licht glänzend und hell, bei weniger Licht dunkel und ein wenig bedrohlich. Überlegen Sie gemeinsam mit den Kindern, wo die Bäume aufgehängt werden sollen.

Material:

Kleine Äste, Papier, Wasserfarbe, Lappen, Bleistift

3. Wie die großen Künstler

Points

Pointillismus zeichnet sich dadurch aus, dass alle Figuren, Formen, Gegenstände, der Hintergrund und der vordere Bereich einzig und allein durch Punkte dargestellt werden.

- ❀ Eine Form vorzeichnen.

- ❀ Den Finger in Farbe tauchen.

- ❀ Mit dem Finger viele Punkte auf das Bild machen.

So wird das Bild zu etwas Individuellem und Einzigartigem!

Doch so ganz einfach ist es nicht, denn wie kann man runde Dinge darstellen und eckige? Wie weit darf man Platz am Rand lassen oder über den Rand drucken? Dürfen die Punkte übereinander liegen oder nur nebeneinander? Diskutieren Sie mit den Kindern darüber.

Welche weiteren Möglichkeiten haben die Kinder denn noch, Points zu erzeugen? Ganz feine können sie mit einem Filzstift malen, recht dicke mit Flaschenkorken. Das dürfen jedoch nicht zu viele werden.

Testen Sie mit den Kindern, wie weit sie sich von einem Bild entfernen müssen, um die Punkte nicht mehr als Punkte zu erkennen, sondern das Bild als Ganzes zu sehen. Bei welcher Entfernung vermischen sich die Farben zu einem Farbton, wenn ähnliche Farben beieinander liegen?

Material:

Papier,
Bleistift,
Fingerfarben

3. Wie die großen Künstler

Blätter (Schablonen aus Pappe)

Mondrian arbeitete mit geometrischen Formen und Figuren, die er in Pastelltönen einfärbte. Die Figuren wiederholten sich und unterschieden sich nur durch die Farben.

Um diese Gleichheit zu erreichen, müssen die Kinder mit Schablonen arbeiten.

❀ Ein Blatt von einem Baum von draußen aussuchen.

❀ Das Blatt auf ein Stück Karton legen.

❀ Mit einem Stift außen am Blattrand entlang zeichnen.

❀ Das gezeichnete Blatt aus dem Karton ausschneiden.

❀ Das Kartonblatt auf ein Zeichenpapier legen.

❀ Mit einem schwarzen Stift um das Kartonblatt herumzeichnen.

❀ Auf diese Art viele weitere Blätter, über das Papier verteilt, zeichnen.

❀ Die Linien zweier Blätter dürfen sich dabei nicht schneiden. Die Blätter können sich aber ruhig überlagern. Bei einem Blatt, das oben liegt, sind die Linien durchgängig. Liegt ein Blatt weiter unten, verdeckt das obere Blatt einen Teil des unteren. Dafür die Linien nur bis zum Rand des oberen Blattes zeichnen.

❀ Die Blätter mit der Ecke eines kleinen Schwämmchens in verschiedenen Farben anmalen.

Material:

Blätter, Pappe, schwarzer Stift, Schwämmchen, Wasserfarben

Die Farben können jahreszeitlich angepasst sein.

Das bedeutet im Frühling helle Grün- und Gelbtöne, im Sommer satte, kräftigere Grüntöne und im Herbst dunkelgrüne, rote und braune Töne. Pastelltöne entstehen, wenn die Kinder mehr Wasser verwenden.

Sie können solche Blätterbilder aufwändiger gestalten.
Dazu bekommen die Kinder einfache bespannte Keilrahmen und statt der Wasserfarben verwenden sie Öl- oder Acrylfarben.
Pastelltöne entstehen hierbei durch das Abtönen mit Weiß.

3. Wie die großen Künstler

Geometrische Formen

Mit gleichartigen, geometrischen Formen lässt sich spielen.

Viele bunte Kreise

Kreise lassen sich gut mit einem Zirkel zeichnen oder mit Trinkgläsern als Schablonen.

- ❀ Ein Trinkglas auf das Papier stellen.

- ❀ Mit einem Filzstift um das Glas herum einen Kreis zeichnen.

- ❀ Auf diese Art viele Kreise auf das Papier malen.
  Die Kreise dürfen sich auch überschneiden.

- ❀ Jeden Kreis in einer anderen Farbe anmalen.

- ❀ Die Schnittflächen der Kreise können wieder eine andere Farbe bekommen. Ein blauer Kreis, der sich mit einem gelben Kreis überschneidet, kann in der Schnittmenge auch pink angemalt werden, es muss nicht grün sein!

Viele Rechtecke und Quadrate

Aus vielen übereinander gestapelten Quadraten können interessante Gebilde entstehen oder völlig utopische Objekte, die in Wirklichkeit das Gleichgewicht verlieren und umkippen würden.

- ❀ Verschiedene rechteckig und quadratisch geformte Gegenstände bereitstellen, kleine Schachteln, Bauklötze, Würfel etc.

- ❀ Mit einem Stift um die Gegenstände außen herum zeichnen.

- ❀ Auf diese Art viele Formen auf das Blatt zeichnen.

Natürlich können die Kinder auch Kreise und Quadrate auf einem Blatt kombinieren!

Variante – Schablonen:

- ❀ Den Gegenstand, z.B. das Glas, auf ein festeres Blatt Karton stellen.

- ❀ Einmal um den Gegenstand herum zeichnen.

- ❀ Den Kreis von innen heraus ausschneiden.
  Wichtig ist, dass der Rahmen schön rund (bzw. rechteckig) ist!

- ❀ Den entstandenen Rahmen auf das Zeichenblatt legen.

- ❀ Mit dem Stift an den inneren Kanten des Rahmens entlang zeichnen.

Das ist viel einfacher als das Zeichnen außen um das Glas herum!

Material:

Gläser, eckige Gegenstände, Stift, Papier, dickeres Papier

3. Wie die großen Künstler

Linien begrenzen

Mondrian hat in seiner Zeit in Paris klare gerade Formen geschaffen, die durch parallele und senkrechte Linien begrenzt werden. Die kleinen Künstler werden heute zunächst die bunten Farben schaffen und sie dann begrenzen. Zuvor spielen sie aber ein kleines Spiel.

Wolle durch den Raum spannen

Die Kinder spannen um mehrere Stühle herum Wolle durch den Raum. Es sollten sich dabei Linien in unterschiedlichen Abständen ergeben, die parallel und senkrecht zueinander liegen, so wie Mondrian sie auch geschaffen hat. In die so entstandenen Rechtecke können sich die Kinder hineinstellen und so die Farbfelder darstellen. Machen Sie unbedingt Fotos!

Material:

Ein großes Knäuel Wolle

Ein Bild im abstrakten Stil Mondrians

❁ Rund um ein Blatt weiße Pappe (Din A4) herum, mehrere Kerben in den Rand schneiden. An den zwei gegenüberliegenden Seiten der Pappe, müssen die Kerben auf derselben Höhe liegen. Die Abstände zwischen den nebeneinander liegenden Einkerbungen sollen unterschiedlich sein.

❁ Schwarze Wollfäden spannen – auf der Vorderseite der Pappe, immer von der einen der beiden gegenüberliegenden Kerben, zu der anderen. Auf der Rückseite können sie völlig schief sein.

❁ Unter die Fäden farbiges selbstklebendes Buntpapier oder Tonpapier legen.

❁ Jeweils entlang eines der, durch die Fäden entstandenen, Rechtecke mit Bleistift Umrisslinien einzeichnen.

- Entlang der gezeichneten Linien Rechtecke aus dem Buntpapier/ Tonpapier ausschneiden.

- Die ausgeschnittenen Papierstücke an die passenden Stellen auf der Pappe kleben.

Material:

Selbstklebende Buntpapierstücke (oder Tonpapier und Kleber),
in den Farben Rot, Blau und Gelb,
Pappe, schwarze Wolle, Schere, langes stabiles Lineal, schwarzer Stift

3. Wie die großen Künstler

Am Computer

Auch mit dem Computer lassen sich solche Bilder gut herstellen. Voraussetzung dazu ist, dass auf dem Computer ein einfaches Malprogramm, wie z.B. Microsoft Paint installiert ist.

Hier ziehen sie nun schwarze Linien. Die gibt es in unterschiedlichen Stärken. Wenn die Linien parallel, waagrecht und senkrecht verlaufen, entstehen dazwischen freie Flächen.

Mit dem Farbfüller können sie diese Flächen dann in den entsprechenden Farben ausfüllen.

Besonders schön sehen die ausgedruckten Objekte auf glänzendem Fotopapier aus.

Material:

Computer, Malprogramm, Drucker, Papier

Fantasiereise Bewegung

Schließe die Augen und denke an das, was du über Piet Mondrian gelernt hast. Überlege einmal, wie vielschichtig seine Malerei war. Erst hat er mit Landschaftsmalereien angefangen. Denke einmal an einen Baum, der im kalten Wind an einem kleinen Fluss steht. Er bewegt sich hin und her. Umfallen kann er nicht, auch wenn der Wind noch so stark weht. Der Baum verändert sich und besteht auf einmal nur noch aus Punkten. Auch alles, was darum herum ist, ist aus Punkten. Es wachsen Blätter aus Punkten und diese Blätter fallen herunter. Vor dir liegt nun ein riesiger Haufen Blätter. Alle sind gleichförmig und bestehen aus zwei Kreishälften.

Wie ein Windhauch kommt nun Leben in die Blätter und wirbelt sie durcheinander.

Jetzt denke an viele gleichförmige Blätter, die plötzlich von unten nach oben gepustet werden. Sie fallen herunter und sammeln sich wieder als bunte Quadrate und Rechtecke auf dem Papier. Sie schweben über das Papier und beginnen sich dort immer wieder neu zu ordnen.

Sie bewegen sich so lange, bis nur noch vier Farben übrig bleiben: Schwarz, Gelb, Rot und Blau. Schwarz ist am meisten vorhanden. Daraus bilden sich ganz gerade Linien, die sich kreuzen. In den Kästchen, die sich zwischen den Linien bilden, sind gelbe, rote und blaue Flächen. Wie ein bisschen Fröhlichkeit zwischen etwas, das gar nicht so lustig ist.

Und dann passiert etwas Besonderes. Das Schwarz zieht sich immer weiter zurück und es kommt mehr Gelb und Rot. Auch in den Linien entstehen Punkte. Es ist, als würden sich diese Linien bewegen. Schnell bewegen. Wenn du ganz leise bist, hörst du Musik, die erst leise ist und dann immer lauter und schneller wird. Sie verändert sich zu den Geräuschen einer riesigen Stadt, denn Piet Mondrian verbrachte seine letzten Jahre in New York, wo es immer laut ist.

Lausche den Geräuschen noch eine Weile bevor du ganz langsam deine Augen wieder öffnest!

4. Phase
Bestimmte Aufgaben

Kinder möchten mit ihrer Arbeit Dinge herstellen, die sie behalten oder verschenken können. Die angebotenen Aktionen sind recht einfach durchzuführen und sind in angemessener Zeit, innerhalb eines Vormittages oder Nachmittages, abzuschließen.

Materialien

Auch in diesem Kapitel sind die Materialien möglichst günstig gewählt. Eventuell brauchen Sie zusätzliche Kleinigkeiten wie Papier und Kleber. Ansonsten können sie wieder Verpackungen und andere Materialien sammeln.

Zeigen Sie, was die Kinder gemacht haben

Kinder brauchen eine Würdigung ihrer Arbeit. Wenn die Dinge, die sie herstellen wollen, nicht als Geschenke gedacht sind, dann veranstalten Sie eine Ausstellung. So würdigen Sie nicht nur die Arbeit der Kinder, sondern auch Ihre eigene. Sie haben es geschafft, die Kinder anzuleiten, etwas zu erschaffen.

Helfen Sie, aber ...

... nehmen Sie den Kindern auch hier keine Arbeit ab. Für die Kinder ist es deprimierend, wenn Sie ihnen ihre Arbeit aus der Hand nehmen. Das vermittelt ihnen den Eindruck, dass sie unfähig seien. Besser ist es, wenn die Kinder mit jeder Arbeit, die sie selbstständig herstellen, merken, dass sie ein bisschen mehr können. Da wird zwar mal etwas schief, aber das macht nichts!

Ideen

Oft kommen Kinder auf ganz andere und neue Ideen, die sie verwirklichen möchten. Übernehmen Sie diese, wenn sie umsetzbar sind. Loben Sie die Kinder für ihre Kreativität und werten Sie die Ideen nicht als unsinnig ab.

Lagerung und Transport

Ganz tolle Dinge sind entstanden, die Kinder wollen sie transportieren. Manchmal wandern gelungene Bilder dann geknickt in den Rucksack oder einem Vogel bricht unterwegs ein Flügel ab. Da das viele Tränen verursacht, ist es besser, den Transport zu organisieren. Schuhkartons sind ausgezeichnete Transportkisten. Diese können die Kinder bemalen und individuell gestalten. Zum Transport von Bildern können die Kinder Sammelmappen verwenden. Da kann nichts knicken oder kaputt gehen. Auch die Sammelmappen können die Kinder mit Farbe, Kleber und Papier individuell gestalten.

Ideen für die Arbeiten

Auf den folgenden Seiten finden Sie eine Fülle an Anregungen, die Sie mit den Kindern umsetzen können. Vielleicht kommen Ihnen beim Lesen eigene neue Ideen, dann ändern Sie die Vorschläge einfach ab.

147

Blumen

Zu verschiedenen Anlässen möchten die Kinder gern etwas verschenken, zum Beispiel Blumen. Ganz einfach können sie dafür bunte Papiere (Krepppapier oder Geschenkpapier) mit einem Draht zusammenbinden.

Einfache Blüte

❀ In die Mitte eines Stücks Krepppapier vorsichtig den Finger hineindrücken.

❀ Den so entstandenen Kelch mit der anderen Hand festhalten.

❀ Den Kelch etwas zusammendrehen.

❀ Einen Draht zur Befestigung darumwickeln.

❀ Nun ist die Blüte fertig.

Mehrfarbige Blüten

❀ Auf das erste Blatt ein zweites Blatt in einer anderen Farbe legen.

❀ Eventuell die Blütenblätter mit der Schere so zurechtschneiden, dass die Blüte noch echter aussieht.

Material:

Krepppapier,
Draht, kleine Äste, Schere,
evtl. Flasche oder Tontopf,
Blumensteckschaum,
Farbe

Ein Stängel für die Blume

- Den Draht am Ende der Blüte an einem dünnen Ast befestigen.

- Zur Stabilisierung und damit er schöner aussieht, den Stängel noch mit Krepppapier umwickeln.

- Je nach Wunsch die Blumen zu einem Strauß zusammenfügen und in einer Flasche anordnen. Wer mag, kann die Flasche vorher mit ein paar bunten Steinchen oder mit durchscheinendem Papier bekleben. Oder einen kleinen Blumentopf anmalen oder bekleben. Den Topf mit Blumensteckschaum füllen und die Blumen darin anordnen.

Neues aus Kerzenresten

Kerzenreste fallen vor allem im Herbst und im Advent an.
Sammeln Sie diese nach Farben sortiert.

Stummelkerzen

- Etwas Wachs in einen leeren Flaschendeckel tropfen.

- Den Kerzenstummel hineindrücken.

- Festhalten bis das Wachs etwas abgekühlt ist und die Kerze hält.

Material:

Kerzenreste, leere Flaschendeckel aus Metall

Wachsanhänger

- Etwas Wasser in einen Teller füllen.

- Ein Ausstechförmchen hinein stellen.

- Die brennende Kerze schräg über die Form halten.

- Das Wachs in die Form tropfen bis die gewünschte Dicke erreicht ist.

- Aushärten lassen.

- Solange das Wachs noch biegsam ist, mit einer Nadel ein Loch hineinstechen.

- Ein Band befestigen.

Material:

Kerzenreste, Schale, Wasser, Ausstechförmchen, Nadel, Faden

Einrahmung

Ein schönes Bild braucht einen Rahmen. Vielleicht wollen die Kinder ein Foto, eine Postkarte oder ein besonderes Fundstück aufkleben und einrahmen.

Der Rahmen verleiht dem Bild etwas Besonderes. Er gibt ihm eine ganz andere Optik und wertet es auf. Für den Rahmen eignen sich Holzeisstiele besonders gut.

❀ Die Eisstiele um das Bild herum aneinander legen.

❀ So entstehen quadratische, rechteckige, dreieckige oder anders geformte Rahmen um das Bild.

❀ Eventuell die Stiele farbig bemalen...
oder die Stiele mit Papier bekleben,
zum Beispiel mit Geschenkpapier, Servietten oder Buntpapier.

❀ Die Stiele mit etwas Flüssigkleber oder mit einem Tropfen Holzleim zusammenkleben.

❀ Solange der Kleber flüssig ist, lässt sich der Rahmen noch verschieben, bis er die gewünschte Form hat.

❀ Dann den Rahmen zum Trocknen zur Seite legen.

Material:
Holzeisstiele,
Kleber,
Farbe,
evtl. buntes Papier

Schillernde Figuren

Alufolie bleibt immer übrig. Wenn sie noch sauber ist, dann ist sie zu schade zum Wegwerfen. Aus den Resten lassen sich interessante Figuren bauen. Das Material können die Kinder leicht biegen und knüllen und immer wieder neu formen.

❀ Aus der Alufolie zwei verschlungene Rollen drehen.

❀ Die kürzere hat ein Drittel der Länge der anderen.

❀ Das längere Stück in der Mitte umbiegen und doppelt nehmen.

❀ Aus der Knickstelle den Kopf formen.

❀ Die beiden Stränge unter dem Kopf miteinander verschlingen.

❀ Aus den Enden die beiden Beine und Füße formen.

❀ Den kürzeren Strang knapp unter dem Kopf mittig um den Körper schlingen.

❀ Aus den überstehenden Enden Arme und Hände formen.

Die Figuren können vielleicht nicht selbstständig stehen, aber sie können turnen, kugeln und sich anderweitig bewegen. Besonders schön sieht es aus, wenn mehrere Figuren zusammen eine Formation bilden.

Material:

Alufolie

Bestimmte Aufgaben

Mein ganz persönliches Lesezeichen

Wenn wir aus einem Buch vorlesen, dann ist irgendwann das Buch noch lange nicht zu Ende, aber die Vorlesezeit. Dann legen wir Zettel in das Buch oder wir versuchen uns die Seite im Kopf zu merken. Schließlich suchen wir dann doch, vor dem Weiterlesen, die Stelle vom vorherigen Tag.

Hier gibt es eine Anleitung für ganz persönliche Lesezeichen, welche die Kinder selbst herstellen können.

Dazu brauchen die Kinder ein Foto von sich.

- ❀ Das Foto auf Fotopapier ausdrucken.

- ❀ Auf die gewünschte Größe zurechtschneiden.

- ❀ Eventuell laminieren, damit es haltbarer ist.

- ❀ An einer Stelle am Rand lochen.

Eine Kordel aus Wolle:

- ❀ Drei Wollfäden von ungefähr einem Meter Länge abschneiden.

- ❀ An beiden Enden einen Knoten machen.

- ❀ An jedem Ende einen Stift durchschieben.

- ❀ Zwei Kinder drehen diesen Faden nun gegenläufig auf: Beide Kinder drehen den Stift in die gleiche Richtung – entweder im Uhrzeigersinn oder gegen den Uhrzeigersinn. (Alternativ ein Ende z.B. an einer Türklinke befestigen, es dreht dann nur ein Kind).

- ❀ Aufhören, wenn sich die Fäden zu kräuseln beginnen.

- ❀ Die Fäden straff ziehen.

- ❀ Eine Schere auf den Faden hängen und bis zur Mitte schieben.

- Die Stifte rausnehmen.
- Beide Enden zusammenbinden und die Schere hängen lassen.
- Sie beginnt sich in eine Richtung zu drehen.
- Wenn sie aufhört sich zu drehen, ist die Kordel fertig.
- Die Schere abschneiden.
- Die Kordel mit dem noch offenen Ende durch das Loch im Foto ziehen und daran verknoten.

Schon ist ein Lesezeichen fertig, mit dem die Vorfreude auf das nächste Vorlesen gleich doppelt so groß ist.

Material:

Foto, Schere, evtl. Laminiergerät, Wolle

Bestimmte Aufgaben

Eine Kette für dich und mich

Diese Kette ist sowohl für Jungen als auch für Mädchen geeignet. Die Farben dafür können sie frei wählen. Entweder entsteht eine coole Indianerkette oder eine schicke Mädchenkette.

* Für die Perlen Geschenkpapier oder anderes buntes Papier in lange dünne Dreiecke schneiden. Je länger das Dreieck wird, desto dicker wird die Perle.

* Die Dreiecke mit dem breiteren Ende zuerst um einen Holzspieß wickeln, So entsteht eine Perle.

* Die Spitze des Dreiecks mit einem Tropfen Klebstoff fixieren.

* Die unterschiedlichen Perlen auf eine Stabile Schnur auffädeln.

* Die Enden der Schnur verknoten.

* Eventuell die Perlen mit einem Tropfen Klebstoff an der Kette fixieren.

Material:

eine stabile Schnur (Leder, Wolle, Perlon, etc.), farbiges Papier oder Geschenkpapier, ein dünner Holzspieß

Das wachsende Ei

In einem ausgelöffelten Ei kann frische Kresse wachsen.

- Damit die Eier besser stehen, aus Pappstreifen Becher basteln oder ein Stück Eierkarton zurechtschneiden oder reißen.

- Damit die Eier bunter und lustiger aussehen, die Eier bemalen, zum Beispiel mit Filzstiften lustige Gesichter auf die Eier malen.

- Watte in das Ei hineinlegen und mit den Kressesamen bedecken.

- Die Watte immer feucht halten, bis die Samen keimen.

Solange die Kresse trocken ist, wächst sie nicht und ist lange haltbar.

Nach dem Gießen dauert es einige Tage bis sie keimt und essbar ist.

Material:

ein ausgelöffeltes Ei,
ein Teelöffel Kressesamen,
etwas Watte,
Farben

Filzen

Filzen ist die älteste Technik, mit der Stoffstücke hergestellt werden können.

✿ Auf der Unterlage eine Schicht Wolle glatt ausbreiten.

✿ Darüber nach Belieben eine weitere Wollschicht in einer anderen Farbe auslegen. Dadurch entstehen Muster.

✿ Flüssige oder geriebene Seife mit heißem Wasser übergießen und warten, bis sie sich aufgelöst hat.

✿ Beim Filzen sollte das Wasser dann handwarm sein.

✿ Etwas von dem Seifenwasser auf die Wolle geben.

✿ Die Wolle kneten und massieren und in alle Richtungen streichen.

✿ Die Wolle 100 Mal an jeder Stellen massieren. Dadurch entsteht erst ein formbares Textilstück.

✿ Den Filz noch im nassen Zustand in die richtige Form bringen.

✿ Daraus Tiere, Taschen, Schals oder andere Dinge formen.

✿ Das fertige Stück mit klarem Wasser ausspülen und gut trocknen.

Das Wichtigste bei der Arbeit ist, die Wolle gut in alle Richtungen auszustreichen und zu kneten. Nur so können sich die einzelnen Fasern miteinander verbinden!

Material:

grobe Wolle,
Wasser,
(Schmier-)Seife,
Topf,
wasserfeste Unterlage

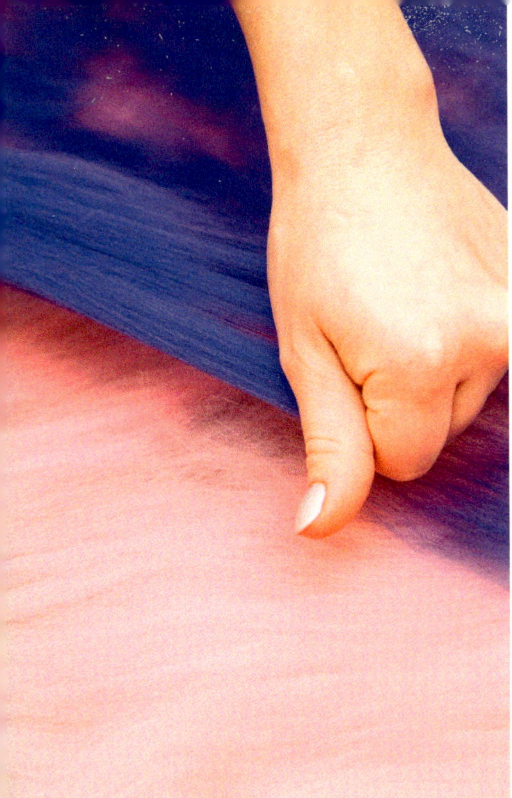

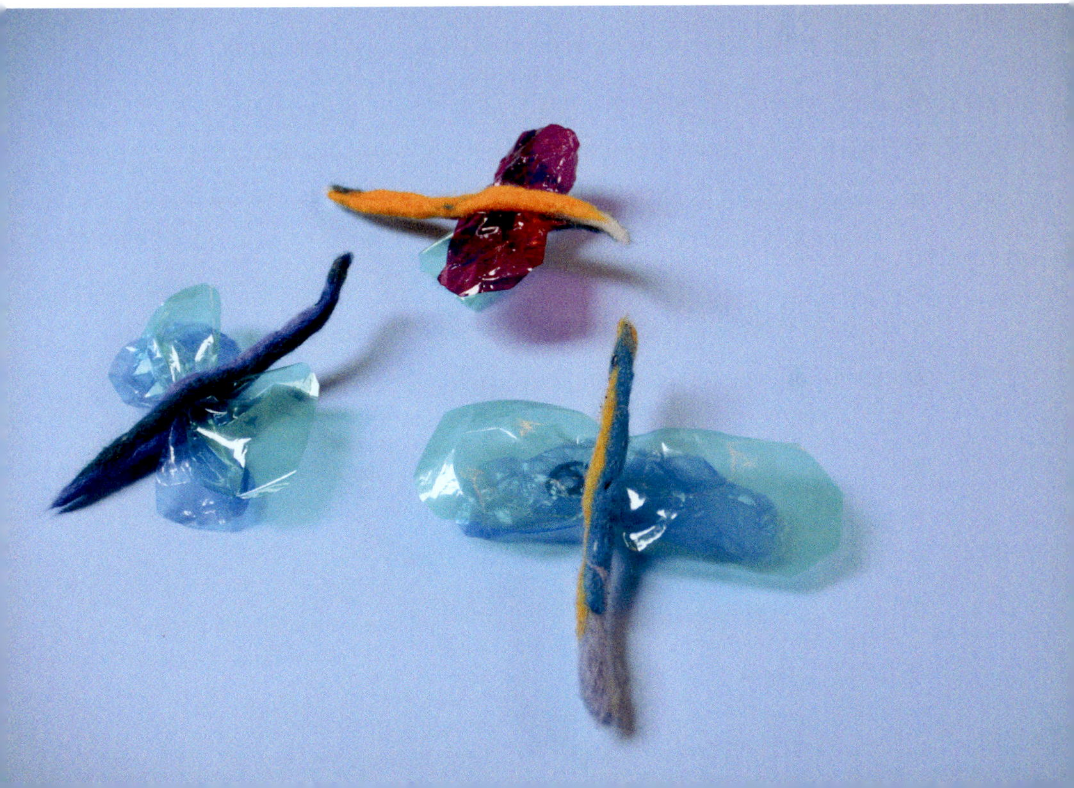

Der krabbelnde Käfer

Ein Käfer krabbelt über das Blatt. Das ist fast ein bisschen wie Zauberei. Dabei ist dieser Krabbelkäfer ganz einfach zu basteln.

Zunächst basteln die Kinder ein grünes Blatt aus Tonpapier und dann den Marienkäfer.

Ein grünes Blatt

❀ Aus einem grünen DIN A4 Bogen das Blatt ausschneiden.

❀ Oder aus mehreren Bögen in verschiedenen Grüntönen das Blatt gestalten.

Der Marienkäfer

❀ Für den kleinen Marienkäfer drei gleich große Kreise ausschneiden.

❀ Zwei Kreise aus rotem Tonpapier und einen aus schwarzem.

❀ Der schwarze Kreis ist der Körper des Käfers.

❀ Beim ersten roten Kreis das obere Drittel halbkreisförmig abschneiden.

❀ Den größeren Teil passend auf den schwarzen Kreis kleben, so schaut der schwarze Teil als Kopf hervor.

❀ Den zweiten roten Kreis in der Mitte durchschneiden, so dass zwei gleich große Halbkreise entstehen, das sind die beiden Flügel.

❀ Diese rechts und links am Käferkörper anlegen, so dass der schwarze Kopf frei bleibt.

❀ Dabei die Flügel am hinteren Ende etwas abwinkeln, so dass zwischen ihnen eine Dreiecksform entsteht.

❀ Die Flügel festkleben.

❀ Schwarze Punkte aufmalen oder aufkleben.

Den Käfer am Blatt befestigen

🌸 Anschließend einen grünen Wollfaden, der mindestens doppelt so lang ist wie das Blatt, mit einem Klebestreifen unter den Käfer kleben.

🌸 Das Blatt vorne und hinten, jeweils ca. einen Zentimeter vom Rand entfernt, durchstechen.

🌸 Die Schnur durch beide Löcher fädeln und den Käfer auf der einen Seite bis ganz an das Loch heran ziehen.

🌸 Das Blatt umdrehen und den Faden auf der Rückseite zusammenknoten.

Jetzt kann der Käfer über das Blatt wandern, wenn auf der Unterseite an der Schnur gezogen wird.

Material:

Grünes, rotes und schwarzes Tonpapier, schwarzer Stift, grüner Wollfaden, Nadel, Schere, Kleber, Klebestreifen

Drahtige Typen

Drahtige Typen haben, wie ihr Name schon sagt, einen Körper aus Draht. Stellen Sie den Kindern verschiedene Drahtstärken zur Verfügung. Damit können sie sehr gut ausprobieren, welcher Draht besonders haltbar ist und welcher sich besser biegen lässt. Woraus kann man besser feine Gesichtszüge formen und welcher Draht bietet die beste Standfestigkeit für die Füße?

* Einen Körper aus Draht formen.

* Wahlweise andere Materialien in die Körper einarbeiten.

* Zum Beispiel Korken als Körper mit Draht umwickeln.

* Auch Stifthüllen oder ausrangiertes Besteck kann zu Teilen der Figuren werden.

* Kronkorken und Murmeln können ebenfalls interessante Akzente setzen.

* Für Spiralbeine den Draht um einen runden Stab wickeln, das gibt tolle Ringel. Je dünner dieser Stab ist, desto feiner werden die Ringel.

Tiere sind am Anfang oft leichter zu bauen als Menschen, denn die Tiere stehen in der Regel auf vier Füßen und haben noch einen Schwanz mit dem sie stabilisiert werden können.

Material:
Draht in verschiedenen
Stärken,
Korken,
altes Besteck,
leere Stifthüllen,
Holzstab

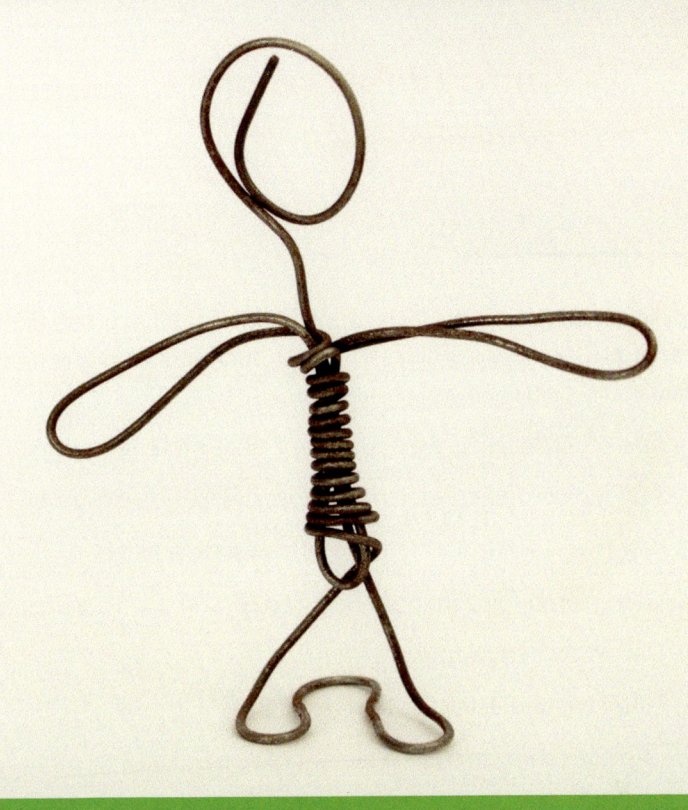

Kleine Wichtel

Wirklich klein und winzig werden diese Wichtel, welche die Kinder aus ein paar Erdnüssen basteln können. Aber auch aus Walnüssen sehen sie schön aus.

Der obere Teil der Nuss wird zum Kopf, der untere Teil zum Körper.

❀ Auf den vorderen Bereich der Nuss das Gesicht zeichnen.

❀ Wer mag kann einen roten Punkt als Nase aufkleben.

❀ Den oberen Teil vom Kopf und den Hinterkopf als Mütze anmalen.

❀ Den restlichen Körper anmalen.

❀ Einen weißen Bart aus Watte ankleben.

❀ Zum Trocknen vorsichtig zur Seite legen.

Wer möchte, kann eine Schale mit Naturmaterialien als Wichtelwohnung gestalten. Mit Hilfe von etwas Draht die Wichtel in der neuen Wohnung befestigen.

Zu Weihnachten können die Kinder die Wichtel in Rottönen anmalen, als Weihnachtswichtel („Jultomte" im Schwedischen). Dazu kleben sie noch einen weißen Watterand an Mütze und Mantel.

Material:

Erd- oder Walnüsse mit Schale, Farbe, Watte, evtl. eine Schale, Naturmaterialien wie Moos, Holz oder Tannenzapfen, Draht

Freundlicher Halter

Viele Kinder kennen es: Morgens fehlt plötzlich der Schlüssel und sie müssen ihn suchen. Alle Kinder, die ihren Eltern die Suche ersparen möchten oder einen lustigen Handtuchhalter oder Stifthalter basteln möchten, werden diesen Tennisballhelfer sehr passend finden.

- ❋ Mit einer Schere oder einem Messer einen Schlitz für den Mund in den Tennisball schneiden. Das sollte ein Erwachsener tun.

- ❋ In die Rückseite des Balles ein Loch für den Saugnapf schneiden.

- ❋ Den Saugnapf befestigen.

- ❋ Fertige Augen oder Knöpfe aufkleben.

- ❋ Mit Wolle eine Frisur gestalten oder eine Mütze aus Stoff basteln und aufkleben.

Variante

Wer den Ball richtig fest an die Wand schrauben möchte, bohrt ein Loch durch den Mund in die Rückseite des Balles. Durch das Loch im Ball eine Schraube an der Wand befestigen.

Nieten als Augen statt der Knöpfe mit einer Nietenzange einfügen. (Diese Arbeit ist nur für Erwachsene geeignet.)

Mit 24 Bällen auf einer Holzplatte werden die Halter zu einem besonderen Adventskalender.

Material:

Tennisball, Saugnapf,
Schere oder Messer,
fertige Augen oder Knöpfe,
Wolle,
evtl. Nieten, Nietenzange,
Bohrmaschine, Schrauben

Bildverzeichnis:

S. 1, 20 f., 28 , 29 o., 41, 42, 43 li., u., 50, 51, 60, 62, 64, 66, 68, 70, 71 o., 72, 74, 75 u., 76, 78, 83, 89 li. u., 103 o., 113, 121 u., 127, 131, 142, 157, 159 o., 169, 171 Anja Lusch, S. 8 f. Dejan Ristovski/iStock/Thinkstock, S. 13 st-fotograf/fotolia.com, S. 14 rainbow33/fotolia.com, S. 15 o. koi88/iStock/Thinkstock, S. 16 f., 22-27, 52 f., 58 f., 79, , 155 Pei Yi Chen, Körner Medien UG, S. 18, 19, 29 u., 55, 57, 63 o., 97 u., 99, 103 u., 109, 111 u., 115, 125 o., 137, 139, 141, 159 u. Miriam Haas KunsTraum Kappel, S. 30 Валерий Военный/iStock/Thinkstock, S. 31 li., 32 u. li., 107 o. jehsomwang/iStock/Thinkstock, S. 31 re., 35 u. re. Fuse/Thinkstock, S. 32 o. li. Roman___/iStock/Thinkstock, S. 32 o. re./m. li. Dorling Kindersley/Thinkstock, S. 32 m. re. zzve/iStock/Thinkstock, S. 32 u. re. Fogstock/Thinkstock, S. 33 o. li., 34 o. li. PinkPueblo/iStock/Thinkstock, S. 33 o. re., 44, 94 Photo2008/iStock/Thinkstock, S. 33 m. li. Klara Viskova/Hemera/Thinkstock, S. 33 m. re. merznatalia/iStock/Thinkstock, S. 33 u. li. Ivary/Thinkstock, S. 33 u. re. tcsaba/fotolia.com S. 34 o. r. johavel/ iStock/Thinkstock, S. 34 m. li. duytrg/iStock/Thinkstock, S. 34 m. re. snowflock/iStock/Thinkstock, S. 34 u. li. Yuliya/iStock/Thinkstock, S. 34 u. re., 107 u. Fernando Charro/iStock/Thinkstock, S. 35 o. re., 46 li. Amehh/fotolia.com, S. 35 o. li. RiaWonder/iStock/Thinkstock, S. 35 m. li. Igor Zakowski/iStock/Thinkstock, S. 35 m. re., 134 katarina drpic/iStock/Thinkstock, S. 35 u. li. duxpavlic/iStock/Thinkstock, S. 36 f. Gennadiy Poznyakov/fotolia.com, S. 43 o., re. u. C. Drescher, S. 45, 61, 63 u., 65, 67, 71 u., 77, 149, 163 u., 165 Kindergarten St. Barbara Littenweiler, S. 46 re., 132 li. Frank Eckgold/fotolia.com, S. 47, 49, 73, Caritas Kindertagesstätte St. Quirin in Fürstätt, S. 15 u., 69, S. 75 o., 97 o., 111 o., 125 u., 129, 133, 147 li, 150, 153 Schudok privat, S. 48 Yantra/fotolia.com, S. 54 Zerbor/fotolia.com, S. 56, 118 f. mariesacha-b/fotolia.com, S. 80 f. Vera Kuttelvaserova/fotolia.com, S. 84 Dieter Schütz/pixelio.de, S. 86 wajan/fotolia.de, S. 89 li. o. ninell/fotolia.de, re. o. Claudia Paulussen/fotolia.de, li. m. senoldo/fotolia.de, re. m. mizar/fotolia.de, re. u. Kuzmin/iStock/Thinkstock, S. 90 B.Wylezich, S. 91, 95, 123, 135 Manon, Peik und Pjark Sander, privat, S. 92 katkov/iStock/Thinkstock, S. 93 o. Dean Pictures/Fuse/Thinkstock, u. Ron Chapple Stock/Ron Chapple Pictures/Thinkstock, S. 101 Martin Poole/Photodisc/Thinkstock, S. 102 li., 117 o. ilona75/iStock/Thinkstock, S. 102 m. karam miri/iStock/Thinkstock, re. ??????? ??????/iStock/Thinkstock, S. 105 cityanimal/fotolia.com, S. 110 drubig-photo/fotolia.com, S. 117 u. OperationShooting/iStock/Thinkstock, S. 121 o. tareo8/iStock/Thinkstock, S. 122 PeterHermesFurian/iStock/Thinkstock, S. 128 iune-Wind/fotolia.de, S. 132 re. Andrea Astes/iStock/Thinkstock, S. 144 f. Sergey Novikov/fotolia.com, S. 147 re. Mademoiselle Bézier/fotolia.com, S. 148 Ideenkoch/fotolia.com, 152 Taweepat/iStock/Thinkstock, S. 151 Kindergarten Unterm Regenbogen Littenweiler, S. 154 Schliemer/fotolia.com, S. 158 Fuse/Thinkstock, S. 160 mariusz_g/fotolia.de, S. 161 Elena Schweitzer/fotolia.com, S. 162/163 o. Belkin & Co./fotolia.com, S. 166 xiquence/fotolia.com, S. 167 o. hurricane84/fotolia.com, u. d-jukic/fotolia.com, S. 168 atoss/fotolia.com, S. 170 stockphoto-graf/fotolia.com, S. 173ff. picsfive/fotolia.com

172

BurckhardtHaus-Laetare

Aus der Praxis – für die Praxis

SPIEL IST MEHR ALS SPASS

SPIELE UND METHODEN FÜR DIE GRUPPENARBEIT

Heike Baum
Broschur, 144 S.
4-fbg. Abb. und Illustrationen
14,95 € [D], 15,40 € [A]
ISBN 978-3-944548-18-0

SPIELE ZUR HERZENSBILDUNG

EMOTIONALE INTELLIGENZ UND SOZIALES LERNEN

Charmaine Liebertz
Broschur, 80 S.
4-fbg. Abb. und Illustrationen
11,95 € [D] 12,30 € [A]
ISBN 978-3-944548-17-3

BEI UNS SPIELT DIE MUSIK

KLANGSPIELE UND SPIELLIEDER
Eckart Bücken

Broschur, 96 Seiten
4-fbg. Abb. und Illustrationen
9,90 € [D], 10,20 € [A]
ISBN 978-3-944548-14-2

FRÜHLING, SOMMER UND VIEL MEHR

DIE JAHRESZEITEN MIT KINDERN ERLEBEN

Maja Hasenbeck
Broschur, 96 Seiten
4-fbg. Abb. und Illustrationen
9,90 € [D], 10,20 € [A]
ISBN 978-3-944548-13-5

AUCH KLEINE LEUTE HABEN'S SCHWER

ÄNGSTE UND FREMDHEIT ÜBERWINDEN

Hajo Bücken
Broschur, 96 Seiten
4-fbg. Abb. und Illustrationen
9,90 € [D], 10,20 € [A]
ISBN 978-3-944548-12-8

FESTE FÜR DAS KINDERJAHR

MIT KINDERN FESTE VORBEREITEN UND FEIERN
Eckart Bücken
Broschur, 96 Seiten
4-fbg. Abb. und Illustr.
9,90 € [D], 10,20 € [A]
ISBN 978-3-944548-15-9

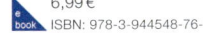 6,99 €
ISBN: 978-3-944548-76-0

Mehr unter www.burckhardthaus-laetare.de

BurckhardtHaus-Laetare

Aus der Praxis – für die Praxis

GRUNDLAGEN DER ELEMENTARPÄDAGOGIK

UNVERZICHTBARE ECKWERTE FÜR EINE PROFESSIONELLE FRÜHPÄDAGOGIK
Armin Krenz
Klappenbroschur, 192 S.
4-fbg. Abb. und Illustr.
19,90 € [D], 20,50 € [A]
ISBN 978-3-944548-03-6

14,99 €
ISBN: 978-3-944548-73-9

ENTWICKLUNGS-ORIENTIERTE ELEMENTARPÄDAGOGIK

KINDER SEHEN, VERSTEHEN UND ENTWICKLUNGSUNTER-STÜTZEND HANDELN
Armin Krenz
Klappenbroschur, 200 S.
4-fbg. Abb. und Illustr.
19,90 € [D], 20,50 € [A]
ISBN 978-3-944548-02-9

14,99 €
ISBN: 978-3-944548-72-2

ELEMENTARPÄDAGOGIK AKTUELL

DIE ENTWICKLUNG DES KINDES PROFESSIONELL BEGLEITEN
Armin Krenz
Klappenbroschur, 208 S.
4-fbg. Abb. und Illustr.
19,90 € [D], 20,50 € [A]
ISBN 978-3-944548-01-2

14,99 €
ISBN: 978-3-944548-70-8

ELEMENTARPÄDAGOGIK UND PROFESSIONALITÄT

LEBENS- UND KONFLIKT-RAUM KINDERGARTEN
Armin Krenz
Klappenbroschur, 192 S.
4-fbg. Abb. und Illustr.
19,90 € [D], 20,50 € [A]
ISBN 978-3-944548-00-5

14,99 €
ISBN: 978-3-944548-71-5

DAS KIRCHENJAHR MIT KINDERN FEIERN

EIN VORLESEBUCH MIT LUSTIGEN GESCHICHTEN, BACKREZEPTEN UND SPIELEN
Thomas Reuter
Broschur, 96 Seiten
4-fbg. Abb. und Illustr.
9,90 € [D], 10,20 € [A]
ISBN 978-3-944548-90-6

EIN NEUER TAG IST DA …

KINDERGEBETE

Detlev Block/Karen Block
Broschur, 72 Seiten
4-fbg. Abb. und Illustra-tionen
9,90 € [D], 10,20 € [A]
ISBN 978-3-944548-91-3

ObersteBRINK

KOCHEN UND BACKEN MIT KINDERN
ALLES, WAS KINDER GERNE ESSEN UND ÜBER ERNÄHRUNG WISSEN SOLLTEN

Manon Sander
Hardcover, 288 Seiten
4-fbg. Abb. und Illustrationen
22,90 € [D], 23,60 € [A]
ISBN 978-3-934333-48-2

Kinder und Eltern sollten keine Gelegenheit verpassen, gemeinsam zu kochen und zu backen. Denn Ernährung ist die Grundlage unseres Lebens. Darüber wollen Kinder schon früh jede Menge erfahren. Beim gemeinsamen Zubereiten von Speisen entsteht aus der Küche ein Spiel- und Lernort, der alle Sinne gleichzeitig anspricht. Vom Duft der Kräuter bis zum klappernden Deckel auf dem Topf.
Vor allem gibt es jede Menge zum Schnippeln und Kneten, zum Schmecken und Ausprobieren. Hier finden Sie eine Fülle kindgerechter Rezepte. Und die Kinder können richtig mitkochen. Leicht nachvollziehbare Illustrationen und die reiche Bildsprache helfen Kindern, die noch nicht lesen können, Grundlagen und Zubereitungsweisen Schritt für Schritt zu verstehen. Gewürzt ist das alles mit vielen Hintergrundinformationen, lustigen Geschichten und Bastelideen, damit der Spaß in keinem Moment zu kurz kommt.

OBERSTEBRINK

FÜR ELTERN, JUGENDLICHE UND FACHKRÄFTE

Die besten Ratgeber für Familien und Fachleute – das ist die Oberste-Brink-Bibliothek. Bücher von Experten, die wissenschaftlich immer auf dem neuesten Stand sind und in ihrer Praxis Eltern und Jugendliche beraten. Alle Titel sind trotz ihres hohen Anspruchs leicht verständlich geschrieben. Alle Anregungen lassen sich einfach anwenden und umsetzen.

DAS A•D•S-BUCH

NEUE KONZENTRATIONSHILFEN FÜR ZAPPELPHILIPPE UND TRÄUMER: DAS OPTIMIND®-KONZEPT

Aust-Klaus/Hammer
Hardcover, 320 S.
4-fbg. Abb. und Illustr.
19,80 € [D], 20,40 € [A]
ISBN 978-3-98044-93-6-6

DAS A•D•S-ERWACHSENEN-BUCH

AUFMERKSAMKEITS-DEFIZIT-SYNDROM: NEUE KONZENTRATIONS- UND ORGANISATIONSHILFEN FÜR IHR BERUFS- UND PRIVATLEBEN
Aust-Claus/Claus/Hammer
Hardcover, 352 Seiten
4-fbg. Abb. und Illustr.
19,80 € [D], 20,40 € [A]
ISBN 978-3-934333-06-2

HOCHBEGABT – UND TROTZDEM GLÜCKLICH

WAS ELTERN, KINDERGARTEN UND SCHULE TUN KÖNNEN
Horsch/Müller/Spicher
Hardcover, 432 Seiten
4-fbg. Fotos, Abb. und Illustrationen
24,90 € [D], 25,60 € [A]
ISBN 978-3-934333-44-4

SO SAG ICH'S MEINEM KIND

RESPEKTVOLLE KOMMUNIKATION - WIE KINDER REGELN FÜRS LEBEN LERNEN
Faber/Mazlish
Hardcover, 272 Seiten
4-farbig mit Fotos
22,90 € [D], 23,60 € [A]
ISBN 978-3-934333-41-3

Mehr unter www.oberstebrink.de